PONS

ERSTE HILFE - Schüleraustausch
GROSSBRITANNIEN & IRLAND
ANKOMMEN & KLARKOMMEN

von Lucy Taylor
Irland Erweiterung von Niamh Leypo

PONS Gmb
Stuttgart

PONS
Erste Hilfe - Schüleraustausch
GROSSBRITANNIEN & IRLAND

ANKOMMEN & KLARKOMMEN

von Lucy Taylor

Irland Erweiterung von Niamh Leypoldt

Auflage A1 4 3 2 1 / 2016 2015 2014 2013

PONS Produktinfos und Shop: www.pons.de
PONS Sprachenportal: www.pons.eu
E-Mail: info@pons.de

Redaktion: Debby Böhm
Korrektorat: Brian Wolfe
Logoentwurf: Erwin Poell, Heidelberg
Logoüberarbeitung: Sabine Redlin, Ludwigsburg
Einbandgestaltung: Die Kavallerie, Tübingen
Titelillustration: Big Ben: shutterstock / Bertl123, Kleeblatt: shutterstock/ moomsabuy
Layout: Frauke Renz, Stuttgart
Satz: digraf.pl - dtp services
Druck und Bindung: PrintConsult GmbH, München

Printed in EU.
ISBN: 978-3-12-561887-9

INHALTSVERZEICHNIS

ESSEN und TRINKEN

RUND um die SCHULE

KOMMUNIKATION und MEDIEN

FREIZEIT und REISEN

BUTTER

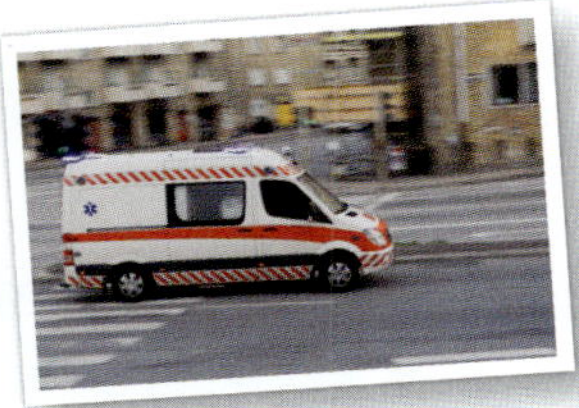

HELLO!

Ein Schüleraustausch ist eine aufregenden Sache: ein anderes Land, eine andere Sprache, eine andere Kultur.
Du wirst sicherlich dein Englisch verbessern, vielleicht auch neue Freunde finden und bestimmt merken, dass es nicht jeden Tag zum Frühstück Bohnen gibt. Nutze deine Chance und starte mit viel Neugier und mit dem Pons Erste Hilfe Schüleraustausch gut vorbereitet in deinen Schüleraustausch.

In diesem Buch findest du:

- **Viele nützliche Informationen zu deinem Gastland**
- **Hilfreiche Redewendungen und Wörter**
  Wörter, die sehr umgangssprachlich oder obszön sind, haben wir mit einem oder zwei Sternchen (*) markiert. Diese Wörter solltest du bitte nicht selber benutzen, aber verstehen musst du sie natürlich schon! Bei Wörtern, deren Aussprache dir vielleicht Probleme bereiten könnte, haben wir die Lautschrift hinzugefügt.
- **Quiz-Seiten,** um dein Wissen anzuwenden und zu erweitern.
  Die Lösungen dazu findest du in der rechten unteren Ecke.
- **Nützliche Links und Adressen**

Unter **www.pons.de/schueleraustausch** findest du noch weitere aktuelle Themen zu Großbritannien und Irland, zusätzliche Links und Adressen, so dass du schon mal vorab im Internet gezielt stöbern kannst. Mit dem Online-Vokabeltrainer kannst du noch vor dem Austausch schnell die wichtigsten Wörter pauken. Dann kann ja nichts mehr schief gehen.

Wir würden uns freuen, wenn du uns nach deinem Schüleraustausch auch von deinen Erfahrungen über die Schüleraustausch-Homepage berichtest. Was hat Spaß gemacht? Was fandest du seltsam? Hast du neue Freunde gefunden? Welches war dein Lieblingswort, das du dort gelernt hast? Schreib uns doch mal.

Enjoy your visit!

Deine PONS-Redaktion

THURSO
BANFF
PETERHEAD
ELGIN
ABERDEEN
DUNDEE
GREENOCK
GLASGOW
NEWCASTLE
MIDDLESBROUGH
YORK
HULL
LEEDS
LARNE
BELFAST
OMAGH
DOUGLAS
BLACKPOOL
PRESTON
LIVERPOOL
MANCHESTER
SHEFFILD
BOSTON
NORWICH
IPSWICH
BIRMINGHAM
OXFORD
LONDON
DOVER
CARDIGAN
NEWPORT
CARDIFF
BRISTOL
READING
BRIGHTON
SOUTHAMPTON
BOURNEMOUTH
PADSTOW
PLYMOUTH

REDEWENDUNGEN – PHRASES

!

Great Britain (Großbritannien) bezieht sich eigentlich auf die Insel, die aus England, Scotland und Wales besteht. Also, England ist nicht gleich Großbritannien(!). Das Vereinigte Königreich *(United Kingdom)* besteht aus Großbritannien und Nordirland.
Zum geografischen Gebilde der „Britischen Inseln" (British Isles) gehört neben Großbritannien auch die Insel Irland. Aber Irland (die Insel) ist nicht gleich Irland (der Staat)! Irland (auf Irisch Éire) ist nämlich auch der offizielle Name des politisch eigenständigen Staates, der sich die Insel mit Nordirland teilt. Der Staat Irland ist nicht Teil des Vereinigten Königreichs.

What's the capital of …?	Was ist die Hauptstadt von …?
What's the population of …?	Wie viele Einwohner hat …?
What's the countryside around York like?	Wie ist die Landschaft rund um York?

WÖRTER – WORDS

county	Grafschaft	rural	ländlich
district	Bezirk	urban	städtisch
borough	Londoner Stadtbezirk	the countryside	die Landschaft
local authority	die Kommunalbehörde	the seaside	die Küste
province	die Provinz		

DAS VEREINIGTE KÖNIGREICH: FAKTEN UND ZAHLEN

Sprache:	Landessprache: Englisch; Regionalsprachen: Walisisch, Gälisch
Einwohnerzahl:	60,6 Millionen
Hauptstadt:	London (7,5 Millionen Einwohner)
Andere Großstädte:	u. a. Birmingham (1,0 Millionen), Leeds (725.000)
Ethnische Minderheiten:	u. a. je 1 Million Einwohner aus der Karibik, Indien, Pakistan und Bangladesch
Staatsform:	Parlamentarische Monarchie
Staatsoberhaupt:	Königin Elizabeth II.
Premierminister:	David Cameron
Fläche:	245.000 km²
Währung:	Pfund Sterling
Zeitzone:	UTC / GMT (eine Stunde hinter Deutschland)
Nationalhymne:	God Save the Queen
Religion:	christlich (72%), konfessionslos (16%), muslimisch (2,7%), Hindu u. v. a
Verkehrsrichtung:	links
Landesvorwahl:	+44

Weitere Infos gibt's z. B. unter www.ukgermanconnection.org/ueber-grossbritannien.

DAS WETTER IN GROSSBRITANNIEN UND IRLAND

Auf den Britischen Inseln herrscht ein gemäßigtes Klima (temperate climate) – im Sommer ist es feucht und warm, im Winter eher nass und kühl. Generell ist das Wetter aufgrund der Insellage sehr wechselhaft (unsettled, changeable). An der Westküste und in den Bergen fällt der meiste Regen, an der Nordküste ist es normalerweise kälter und auch stürmischer. Im Südwesten herrscht das mildeste Klima. Regenschutz ist immer angebracht – es regnet im Durchschnitt alle drei Tage. Im Winter schwanken die Temperaturen zwischen 1° und 5° Celsius, im Sommer kannst du Temperaturen von bis zu 30°C (oder sogar höher) erwarten, obwohl die Durchschnittstemperaturen schon im 20-er Bereich bleiben.

REDEWENDUNGEN – PHRASES

It's chucking* it down / It's throwing it* / pissing** down.	Es regnet. / Es schüttet.
What lousy* / crap** weather!	So ein lausiges Wetter / Scheißwetter.
It's rainy / chilly / icy cold / stormy / dull.	Es ist regnerisch / kühl / eisig kalt / stürmisch / trübe.

WÖRTER – WORDS

fog / mist	Nebel
thunder and lightning	Donner und Blitz
sleet	Schneeregen
slush	Matsch
drizzle ['drɪzl]	Nieselregen
gust [gʌst]	Windbö

Flensburg
Kiel
Lübeck
Rostock
Greifswald
Hamburg
Schwerin
Emden
Bremen
BERLIN
Stendal
Potsdam
Hannover
Cottbus
Magdeburg
Bielefeld
Görlitz
Halle
Leipzig
Dresden
Dortmund
Essen
Kassel
Erfurt
Weimar
Chemnitz
Düsseldorf
Köln
Fulda
Bayreuth
Koblenz
Wiesbaden
Frankfurt
Mainz
Würzburg
Nürnberg
Saarbrücken
Stuttgart
Ulm
Augsburg
München
Freiburg

WO DU HERKOMMST

Germany is divided into 16 federal states. Every state has a state capital.
Deutschland besteht aus 16 Bundesländern. Jedes Land hat eine Landeshauptstadt.

Germany has a population of around 82,500,000. Berlin is the capital and has a population of 3,400,000.
Deutschland hat 82.500.000 Einwohner. Die Hauptstadt Berlin hat 3.400.000 Einwohner.

It borders on Denmark, Poland, the Czech Republic, Austria, Switzerland, France, Luxembourg, Belgium and the Netherlands.
Es grenzt an Dänemark, Polen, Tschechien, Österreich, die Schweiz, Frankreich, Luxemburg, Belgien und die Niederlande.

Germany is a federal republic with a parliamentary democracy.
Deutschland ist eine Bundesrepublik mit einer parlamentarischen Demokratie.

The federal chancellor is Angela Merkel.
Die Bundeskanzlerin heißt Angela Merkel.

DEUTSCHLAND AUF ENGLISCH

Hier sind nur die Bundesländer, Städte, Flüsse, Seen und Wälder aufgelistet, die im Englischen stark vom Deutschen abweichen.

Köln	Cologne
München	Munich
Bodensee	Lake Constance
Helgoland	Heligoland
Nordsee	North Sea
Ostfriesland	East Frisia
Donau	Danube
Ostsee	Baltic Sea
Schwarzwald	Black Forest

!

Bayern	Bavaria
Hessen	Hesse
Mecklenburg-Vorpommern	Mecklenburg-West Pomerania
Niedersachsen	Lower Saxony
Nordrhein-Westfalen	North Rhine-Westphalia
Rheinland Pfalz	Rhineland-Palatinate
Sachsen	Saxony
Sachsen Anhalt	Saxony-Anhalt
Thüringen	Thuringia

LONDON

Es gibt so viele Sehenswürdigkeiten in London – wir können hier leider nur ein paar davon erwähnen. Mehr Infos findest du aber unter: www.visitbritain.com oder www.visitlondon.com.

Palace of Westminster – Im Palace of Westminster befinden sich die Houses of Parliament sowie Big Ben. Es gibt Gruppenführungen durch den Palast, u.a. durch das House of Lords und das House of Commons, die aber im Voraus gebucht werden müssen. Adresse: Parliament Square, SW1 Internet: www.parliament.uk. Anreise: U-Bahnstation Westminster. Offizielle Führung (nur in den Sommermonaten): Erwachsene £15, Kinder £6.

Buckingham Palace – Im Sommer hat man die seltene Möglichkeit, die königliche Residenz von innen sehen zu können. Eine besondere Touristenattraktion ist natürlich auch die traditionelle Wachablösung *(Changing of the Guard)* vor dem Palast. Die State Rooms des Palastes, dazu gehört der Throne Room und die Picture Gallery, können besichtigt werden. Buckingham Palace Road, SW1. Internet: www.royalcollection.org.uk. Anreise: U-Bahnstationen Green Park, Victoria oder Hyde Park Corner. Öffnungszeiten: 09.45 – 18.30 Uhr, nur Ende Juli bis Mitte September. Preise: Erwachsene £18.00, Kinder £10.25.

Westminster Abbey – Eine prächtige gotische Kirche. Traditionell werden hier die Könige und Königinnen von Großbritannien gekrönt und beigesetzt. Parliament Square, SW1. Internet: www.westminster-abbey.org. Anreise: U-Bahnstation Westminster. Öffnungszeiten: Mo. – Fr. 09.30 – 16.30 Uhr und Sa. 09.30 – 14.30 Uhr. Preise: Erwachsene £16, Kinder £6.

London Eye – Das 135 m hohe Riesenrad mit atemberaubender Aussicht hat sich zu einer der beliebtesten Attraktionen Londons entwickelt. Die Sicht kann bis zu 40 km reichen. Eine Fahrt (eine Umdrehung des Riesenrads) dauert ca. 30 Minuten. Jubilee Gardens, South Bank, SE1. Internet: www.londoneye.com. Anreise: U-Bahnstationen Waterloo, Westminster oder Charing Cross. Öffnungszeiten: Täglich 10.00 – 18.30 Uhr. Preise: unterschiedlich je nach Leistung, Online-Rabatte.

Trafalgar Square – Für viele das eigentliche Zentrum Londons. In der Mitte des Platzes steht das Admiral-Nelson-Denkmal (Nelson's Column), das an den Sieg der Briten über die Franzosen in der Schlacht von Trafalgar erinnert. Trafalgar Square, WC2. Anreise: U-Bahnstationen Charing Cross oder Leicester Square.

!

Mit einem London Pass hast du freien Eintritt zu über 50 Attraktionen – wie z. B. dem Tower of London, St. Paul's Cathedral usw. Preise: ab 1 Tag £20, 3 Tage £36, mit einer Travelcard kombiniert: 1 Tag £22, 3 Tage mit Travelcard £42. Mehr Infos unter: www.londonpass.com.

Wenn du in London unterwegs bist, denke daran, dass es sich um eine Großstadt handelt, in der das Tempo – wie in allen Großstädten – sehr hektisch und schnell ist. Sei deshalb besonders aufmerksam. Achte auf deine Taschen und bleibe bei der Gruppe. Und: nicht jeder ist zum Bummeln und sightseeing hier – viele wollen einfach nur schnell zur Arbeit oder wieder zurück nach Hause …

Stand Preise und Öffnungszeiten:
August 2012

SEHENSWÜRDIGKEITEN AUSSERHALB VON LONDON

Stonehenge – das berühmteste prähistorische Monument Groß-britanniens liegt bei Salisbury in der Grafschaft Wiltshire. Es wird vermutet, dass der älteste Teil um 3.000 vor Christus errichtet wurde. Warum Stonehenge gebaut wurde ist unklar – eine wahrscheinliche Erklärung ist, dass Stonehenge ein Sonnenkultzentrum war. Wegbeschreibung und Öffnungszeiten unter www.english-heritage.org.uk. Preise: Erwachsene £7.80, Kinder £4.70.

Giant's Causeway – liegt an der Nordküste von Nordirland in der Nähe von Portrush in der Grafschaft Antrim. Eine eindrucksvolle Formation von über 40.000 Basaltsäulen, die wie eine riesige Treppe ins Meer hineinführt. Der ‚Damm des Riesen' ist entstanden, als sich vor vielen Millionen Jahren glühende Lava ins Meer ergoss. Weitere Infos: www.nationaltrust.org.uk/giantscauseway/.

Der Hadrian's Wall – ein ehemaliger römischer Grenzwall, der sich über 120 Kilometer quer durch Nordengland, von Wallsend-on-Tyne im Osten bis nach Bowness im Westen, erstreckt. Anreise und weitere Infos unter: www.hadrians-wall.org.

Windsor Castle – Schloss Windsor ist das größte und älteste bewohnte Schloss der Welt und ist eine der offiziellen Hauptresidenzen des britischen Monarchen. Die Burg liegt in der Stadt Windsor in der Grafschaft Berkshire. Windsor, Berkshire, SL4 1NJ.
Öffnungszeiten: 09.30 - 17.30 Uhr.
Preise: Erwachsene £14.20, Kinder £8. Anreise und weitere Infos unter: www.windsor.gov.uk/attractions/castle.htm.

Blenheim Palace – gehört zu den größten und bekanntesten Schlössern Englands und liegt bei Woodstock in der Grafschaft Oxfordshire. 1874 wurde hier der berühmteste Premierminister Großbritanniens, Winston Churchill, geboren. Preise und Öffnungszeiten unter www.blenheimpalace.com.

Stand Preise und Öffnungszeiten: August 2012

WÖRTER – WORDS

opening times	Öffnungszeiten
admission fee	Eintritt
advance booking / reservation	Reservierung
guided tours	Führungen
educational facilities	Bildungsmöglichkeiten/-programm
refreshments	Restaurant / Erfrischungen
souvenir / gift shop	Souvenir- / Geschenkeladen

1. Wortgitter

Finde 10 Begriffe, die alle mit Landeskunde zu tun haben. Die Wörter sind auch diagonal und sogar rückwärts im Wortgitter versteckt.

R	E	A	L	H	U	T	R	N	A	Y	F
O	U	E	E	R	U	O	U	L	O	E	F
L	Y	Y	T	N	U	O	C	T	D	N	C
L	R	C	C	E	B	A	L	E	A	P	R
E	N	U	I	G	P	O	R	B	L	S	I
C	D	C	R	I	I	A	R	N	A	C	G
N	O	I	T	A	L	U	P	O	P	H	H
A	L	A	S	O	L	T	D	S	U	L	I
H	L	F	I	A	A	P	F	D	A	G	L
C	L	N	D	I	E	L	G	R	C	C	H
H	H	S	C	O	C	S	L	D	L	U	A
I	C	T	B	N	C	L	L	R	O	R	L

2. Rätsel

Rate mal. Wie viele …

a. 1.700	b. 500.000	e. über 600
c. 5.000.000	d. über 200	

☐ 1. … Museen gibt's in London?

☐ 2. … Zimmer gibt's im Buckingham Palace?

☐ 3. … Überwachungskameras gibt's in London?

☐ 4. … Parks gibt's in London?

☐ 5. … Schafe gibt's in Wales?

3. Finde heraus ...

... was es mit deiner Gaststadt so auf sich hat. Frage deine Gastfamilie oder schaue ins Internet.

1. Wie viele Einwohner hat die Stadt?

____

2. Was sind die bekanntesten Sehenswürdigkeiten?

____

3. Welche Events gibt es jedes Jahr in der Stadt / Region?

____

4. Was sind typische Speisen / Getränke für die Stadt / Region?

____

5. Welche bekannten Firmen haben in der Stadt ihren Sitz?

____

6. Ist die Stadt historisch bekannt? Wofür?

____

7. Wann ist die Stadt entstanden?

____

8. Stammen berühmte Menschen aus der Stadt? Welche?

____

Lösungen:
1. borough, capital, chancellor, county, district, federal, population, rural, seaside, urban
2. 1.d; 2.e; 3.b; 4.a; 5.c

IRLAND

ATLANTIC
OCEAN
NORTHERN IRELAND
REPUBLIC OF IRELAND
IRISH SEA
NORTH CHANNEL
ST. GEORGES CHANNEL
Malin Head
Tory Island
Rathlin I.
Buncrana
Lough Foyle
Gweedore
Aran Island
Londonderry
Strabane
Garron Point
Ballymena
Larne
Bangor
Belfast
Newtownards
Lisburn
Lough Neagh
Strangford Lough
Portadown
Armagh
Newry
Newcastle
SPERRIN MTS.
BLUE STACK MTS.
Donegal
Donegal Bay
Ballyshannon
Lower Lough Erne
Omagh
Enniskillen
Upper Lough Erne
Sligo
Lough Allen
SLIEVE GAMPH
Annagh
Dundalk
Dundalk Bay
Aran Island
Lough Conn
Achill Island
Castlebar
Clew Bay
Clare Island
Inishturk
Inishbofin
Lough Mask
Drogheda
Longford
Roscommon
Lough Ree
Mullingar
Tuam
Suck
Athlone
Lough Corrib
Dublin
Bray
Galway
Galway Bay
Brosna
BOG OF ALLEN
Kildare
WICKLOW MOUNTAINS
Wicklow Head
Wicklow
Inishmore
ARAN ISLANDS
Inishmaan
Inisheer
SLIEVE BLOOM MTS.
Port Laoise
Lugnaquillia
Lough Derg
Nenagh
Carlow
Slaney
Arklow
Ennis
SLIEVEFELIM MTS.
Limerick
Kilkenny
Loop Head
Mouth of the Shannon
Kerry Head
Feale
Maigue
Tipperary
Suir
Barrow
Galtymore
GALTY MTS.
Waterford
Wexford
Greenore Point
Tralee
Blackwater
Hook Head
Dungarvan
Killarney
Lough Leane
Dingle Bay
Valencia I.
MACGILLYCUDDYS REEKS
Lee
Cork
Cobh
Youghal
CAHA MTS.
Kenmare River
Bantry
Bandon
Old Head of Kinsale
Bantry Bay
Mizen Head
11°
10°
9°
8°
7°
6°
55°
54°
53°
52°

IRLAND: FAKTEN UND ZAHLEN

Nationalsprachen:	Englisch und Irisch (Gälisch)
Einwohnerzahl:	4,2 Millionen
Hauptstadt:	Dublin (Baile Átha Cliath; 500.000 Einwohner)
Andere Großstädte:	Cork (120.000 Einwohner), Galway (72.000), Limerick (53.000)
Ethnische Minderheiten:	Briten (112.000), Polen (63.000), Litauer (25.000), Nigerianer (16.000)
Staatsform:	Parlamentarische Republik
Staatsoberhaupt:	Präsident (Uachtarán) Michael Higgens
Premierminister:	(Taoiseach) Enda Kenny
Fläche:	70.000 km² (vergleichbar mit Bayern)
Währung:	Euro
Zeitzone:	UTC / GMT (eine Stunde hinter Deutschland)
Nationalhymne:	Amhrán na bhFiann (Soldatenlied)
Religion:	Katholisch (87%), Evangelisch (4%)
Verkehrsrichtung:	links
Landesvorwahl:	+353

IRLAND: LANDESKUNDE

Irland ist in vier Provinzen (Leinster, Munster, Connaught und Ulster) und 26 Grafschaften (counties) unterteilt. Auf der Insel sind insgesamt 32 Grafschaften: Von den neun Grafschaften in der Provinz Ulster gehören sechs zu Nordirland (also zum Vereinigten Königreich).

Irisch und Englisch sind die zwei offiziellen Landessprachen Irlands. Die meisten Iren verstehen Irisch und können es mehr oder weniger fließend sprechen, die Alltagssprache ist für die große Mehrheit der Iren aber Englisch. Wundere dich übrigens nicht, wenn du kein Wort Irisch verstehst: Die Sprache gehört zum keltischen Zweig der indogermanischen Sprachenfamilie, und hat gar keine Gemeinsamkeiten mit Englisch.

Während des Wirtschaftsbooms, der in Irland the celtic tiger genannt wurde, ist Irland zum Einwanderungsland geworden. So wird neben Englisch heute auch sehr viel Polnisch und Chinesisch gesprochen.

WER SPRICHT IRISCH?

Alle Iren verstehen etwas Irisch, ist die Sprache doch Pflichtfach für alle Schüler im Alter zwischen 4 und 18 Jahren. 43% der Iren geben an, Irisch einigermaßen fließend zu sprechen. 90.000 wohnen in Gaeltacht-Gebieten – so nennt man die Regionen, in denen Irisch Alltagssprache ist.

Die irische Sprache ist auch für Touristen unübersehbar: Alle Straßenschilder sind zweisprachig, und wenn du Zeitung liest wirst du sehen, dass manche Begriffe – z. B. die Bezeichnungen der politischen Ämter – ausschließlich auf Irisch sind. Sehr wichtig: Wer auf eine öffentliche Toilette geht, sollte wissen: *mná* heißt Frauen, *fir* bedeutet Männer!

Andere wichtige irischsprachige Hinweisschilder:

An Lár	das Zentrum (normalerweise ist die Stadtmitte Dublins gemeint)		
Fáilte	Willkommen	Tarraing	ziehen
Ná caith tabac	Rauchen verboten	Uait	drücken
Ná caith bruascar	Abfälle nicht auf die Straße werfen	Slán abhaile	Auf Wiedersehen

RELIGION UND MORAL IN IRLAND

Irland ist traditionell ein katholisches Land, das wirst du im Alltag dort sicher bemerken. Viele Schulen werden von religiösen Orden verwaltet, wenn auch die Zahl der Lehrer im Priestergewand stetig abnimmt. Der Respekt vor der Religion ist auch in den Medien spürbar: Geistliche kommentieren das moderne Leben in Talkshows oder in Zeitungskolumnen, und täglich um 18 Uhr läutet im wichtigsten Fernsehsender RTÉ1 eine Minute lang die Glocke, um die Iren zum Angelusgebet zu versammeln. Viele Jugendliche gehen sonntags mit der Familie in die Kirche, vor allem in ländlicheren Gebieten. In den Städten bleiben immer mehr Jugendliche den Kirchen fern.

Der Einfluss der Kirche spiegelt sich auch in moralischen Fragen. Im Allgemeinen sind die Iren konservativer als Deutsche oder Briten, und kontroverse Themen wie Verhütungsmittel, Scheidung oder Abtreibung solltest du, wenn überhaupt, dann nur mit Fingerspitzengefühl thematisieren. Zum Vergleich mit Deutschland: Verhütungsmittel sind in Irland erst seit 1993 im freien Verkauf erhältlich, und die irischen Abtreibungsgesetze gehören zu den strengsten überhaupt. Trotzdem lässt sich seit den 1990ern ein Wertewandel feststellen, der sich vor allem in der jüngeren Generation der Iren zeigt.

MINDERHEITEN IN IRLAND

Aus der neuesten Volkszählung ging hervor, dass 11 % der Bevölkerung nicht irischer Herkunft sind. Das ist neu, denn Irland war bis zum Wirtschaftboom der 1990er doch eher als Auswanderungsland bekannt. In der kurzen Zeit seit der EU-Erweiterung im Mai 2004 sind über 50.000 Migranten aus Polen und Litauen nach Irland gekommen, während die Mehrzahl der Asylbewerber aus Nigeria und Rumänien stammen.

Die Einwanderungswelle scheint eine goße Herausforderung für die Iren zu sein. Es gibt zwar keine Rechtsradikalen, die zu Aufmärschen aufrufen, aber Ausländer berichten über Anfeindungen und Ausgrenzungen im Alltag, und das, obwohl Irland traditionell als „Land der Tausend Willkommensgrüße" bezeichnet wird (céad míle fáilte). Aber die Mehrheit der Iren ist tolerant und hat zudem verstanden, dass Einwanderung und Wirtschaftswachstum zusammengehören. Übrigens: über 10.000 Deutsche wohnen dauerhaft in Irland!

DUBLIN

Dublin ist eine lebendige Stadt und füllt sich jeden Abend mit Menschen in Partystimmung, die craic (Spaß) haben wollen. Traue dich ruhig, mitzumachen: Die Iren sind kontaktfreudig und man kommt leicht ins Gespräch. Wenn du wissen willst, wo was los ist, schaue auf www.dublintourist.com/directory/nightlife/

Auch tagsüber gibt es in Dublin viel zu entdecken:

Die Innenstadt – Schön im Herzen der Stadt gelegen, ist Trinity College auf jeden Fall einen Besuch wert. In der alten Bibliothek kann man das Book of Kells besichtigen, eine um 800 erschaffene illustrierte Niederschrift der vier Evangelien. Danach bummelt man Grafton St. hoch, die Haupteinkaufsstraße, und teilt seine Sandwiches mit den Enten im Park St. Stephen's Green. Du kannst diesen Spaziergang auf dieser Karte nachvollziehen: http://www.tcd.ie/Maps/tcd_city.html

Die Küste um Dublin – Wenn man an einem Ende in den Nahverkehrszug DART (Dublin Area Rapid Transit) einsteigt und bis zum anderen Ende fährt, bekommt man schnell einen Eindruck von Dublins Vielfalt. Man beginnt im Norden, in dem schönen Hafendorf Howth (vom dortigen Hafendamm ist auch ein Tagesausflug zur Insel Ireland's Eye möglich), und fährt dann an den Wohngegenden des nördlichen Dublins entlang. An den Innenstadthaltestellen Connolly St., Tara St. und Pearse St. kann man den Dublinern beim Ein- und Aussteigen zuschauen. Südlich der Innenstadt erwarten einen die schönen Strände von Sandycove und Killiney, das Hafendorf Dun Laoghaire; und schließlich Bray, ein Stranddorf mit Urlaubsflair.

MIT BUS UND BAHN IN DUBLIN UNTERWEGS

Das Streckennetz in Dublin ist mit Bus, Zug, und Straßenbahn gut ausgebaut. Aus praktisch jedem Vorort kommt man entweder mit den Doppeldeckern der Firma Dublin Bus, mit dem Nahverkehrszug DART (steht für Dublin Area Rapid Transit), oder mit der Straßenbahn Luas (bedeutet „Tempo") in die Stadtmitte. Eine einfache Fahrt mit Bus oder Bahn kostet zwischen €1,50 und €2,00. Abends verlassen die letzten Busse und Züge die Stadtmitte um circa 23.30 Uhr, am Wochenende fahren Nachtbusse (Nitelink) im 30-Minuten-Takt (€4).

Wenn du mehr Information zum Thema Verkehrmittel in Dublin suchst:

http://www.dublinbus.ie
http://www.luas.ie
www.irishrail.ie

Tipp! Wer mit dem Bus in die Dubliner Stadtmitte fährt, muss dort einsteigen, wo die Anzeige An Lár (das Zentrum) als Ziel angibt. Mit einer Tageskarte kannst du grenzenlos herumfahren. Sie kostet ca. €8.

Mehr Informationen zu Sehenswürdigkeiten in Dublin findest du unter: www.visitdublin.com.

SEHENSWÜRDIGKEITEN AUSSERHALB VON DUBLIN

Dies ist nur eine kleine Auswahl der Sehenswürdigkeiten Irlands. Andere Ideen für deine Reise findest du unter www.discoverireland.ie.

Newgrange – Das Hügelgrab wurde um 3200 vor Christus erbaut und gehört zum UNESCO Weltkulturerbe. Das Erstaunliche an dem Bau: Jedes Jahr zur Wintersonnenwende scheint die aufgehende Sonne genau den Gang entlang ins Zentrum des Grabs. Die Besichtigung beginnt im nahegelegenen Dorf Donore, denn ohne Führung darf man das Gelände nicht betreten. Eine Wegbeschreibung und weitere Informationen findest du unter www.heritageireland.ie. Preise: Erwachsene €6, Kinder und Studenten €3.

Glendalough – Der Wicklow Mountains National Park bietet viele Wanderungen im sogenannten „Garten Irlands". Vor allem Glendalough – „Tal der zwei Seen" – ist wegen der Ruine der tausendjährigen Klöster von St. Kevin als Ausflugsziel beliebt. Vorschläge zu weiteren Sehenswürdigkeiten in Wicklow findest du hier: www.visitwicklow.ie.

Connemara – Die karge Landschaft Connemaras im Westen Irlands hat viele Künstler inspiriert. Ganz in der Nähe liegt die Kulturstadt Galway. Die wildromantischen Aran Inseln, die sich von Indreabhán per Flugzeug oder von Galway oder Rossaveal mit dem Boot erreichen lassen, markieren die westliche Grenze Europas. Infos zur Anreise findest du auf der Webseite www.galway.net/galwayguide/visit/aran/.

County Kerry – In der südwestlichen Ecke Irlands kann man die schöne Hafenstadt Dingle besuchen und von dort aus die Steilküsten der Graftschaft Kerry bewandern, vielleicht sogar eine Bootsfahrt zu den Blasket Inseln im Hafen von Dún Chaoin starten. Dún Chaoin ist übrigens ein Gaeltacht-Gebiet: für die Mehrheit der Bewohner ist Irisch noch die Alltagssprache.
Weitere Infos: www.dingle-peninsula.ie.

1. Wortgitter

I	M	L	U	W	X	Y	G	T
R	A	I	N	D	T	W	R	H
I	Q	F	X	V	E	U	R	O
S	F	F	L	U	I	F	E	W
H	O	E	R	K	R	G	S	T
S	T	Y	N	M	E	H	A	H
T	P	R	O	N	D	K	D	H
E	I	R	E	A	N	N	G	N
W	A	F	I	L	M	L	O	Z

Hier sind die Tipps für die drei Wörter, die horizontal (across) versteckt sind.

1. Häufigste irische Wetterprognose.
2. Irische Währung.
3. Die nationale Reisebusgesellschaft: Bus…

Hier sind die Tipps für die fünf Wörter, die vertikal (down) versteckt sind.

1. Eintopf mit Lamm und Kartoffeln.
2. Fließt durch Dublin.
3. Schild an der Tür der Frauentoilette.
4. Irland auf Irisch.
5. Endhaltestelle des DART-Zuges im Norden Dublins.

2. Was sagst du …

Schau mal, wieviel du schon verstehst: Ordne die blauen Redewendungen den passenden schwarzen zu.

1. … wenn du Riesenspaß hattest?
2. … wenn du einverstanden bist?
3. … wenn du jemanden nur necken wolltest?
4. … wenn etwas kaputt ist?
5. … wenn du jemanden sehr sympathisch findest?

a. She / he is dead sound.
b. Sure I'm only slagging you.
c. That's a brilliant idea.
d. That's banjaxed.
e. We had great craic.

3. Finde heraus ...

Frage deine Gastfamilie oder schau ins Internet.

1. Seit wann gibt es die irische Republik?

____

2. Welche Grafschaft ist die größte?

____

3. Auf welchen Tag fällt St. Patrick's Day, der nationale Feiertag?

____

4. Wieviel irische Musikgruppen oder Musiker kennst du?

____

Lösungen:
1. horizontal: rain, Euro, Eireann; vertikal: Irish Stew, Liffey, Mna, Eire, Howth
2. 1.e; 2.c; 3.b; 4.d; 5.a
3. 1. 1922; 2. Cork; 3. 17. März; 4. z.B. U2, Bob Geldof, Sineád Ó Connor, Boyzone, Ronan Keating, Enya, Clannad ...

BRITISCHE UND IRISCHE HÄUSER

Mietwohnungen in Großbritannien und Irland sind selten und die Mieten teuer. Die meisten Familien haben das Glück, ein eigenes Häuschen zu besitzen. Es gibt viele große Neubausiedlungen (estates) außerhalb der Städte, mit tausenden Reihenhäusern (terraced houses), Doppelhäusern (semi-detached houses) oder Einfamilienhäusern (detached houses), alle von einer Firma im gleichen Stil gebaut.

DIE UNTERSCHIEDE

Insgesamt sind die Häuser sehr viel kleiner, die Zimmer natürlich auch; die Treppen sind schmal und recht steil.

Auf den britischen Inseln gibt es andere Steckdosen (plugs), und zwar dreipolige. Du brauchst also einen Adapter-Stecker (adaptor plug), wenn du mitgebrachte Elektrogeräte benutzen willst. Die europäischen zweipoligen Steckdosen siehst du vielleicht im Bad, aber Vorsicht: sie sind nur für Rasierapparate geeignet, nicht etwa für den Fön. Außerdem gibt es aus Sicherheitsgründen an jeder Steckdose noch einen Ein- und Ausschalter.

Eine seltsame Eigenschaft der Badezimmer sind die zwei getrennten Wasserhähne (taps). Mischbatterien sind immer noch selten. Dies führt oft dazu, dass der ungeübte Benutzer sich eine Hand verbrennt und die andere abfriert.

Wir bleiben im Badezimmer: Aus irgendeinem Grund funktioniert's mit dem Wasserdruck in den meisten Häusern nicht, wie es sollte. Haare waschen unter der Dusche kann deshalb langwierig werden …

Außerdem lieben die Briten und Iren ihre Teppichböden: Ob auf der Treppe, im Flur, sogar im Badezimmer gibt es Teppich.

REDEWENDUNGEN – PHRASES

Are you going to be long (in the bathroom)?
Brauchst du noch lange (im Bad)?

Can you get the phone / door?
Kannst du ans Telefon gehen / die Tür aufmachen?

I need to use the loo [lu:] / bog**!
Ich muss mal!

WÖRTER – WORDS

stairs	Treppe / Treppenhaus
hall(way)	Flur (im EG)
landing	Flur (im 1. Stock)
loft	Dachboden
patio ['pætiəʊ]	Terrasse
carpet	Teppichboden
rug	Teppich
duvet ['du:veɪ]/ blanket	(Bett-)decke
laminate ['læmɪnət]	Laminat
parquet ['pɑ:keɪ] wooden flooring	Parkett
wallpaper	Tapete
light switch	Lichtschalter
lightbulb	Glühbirne
doorbell	Türklingel
radiator ['reɪdieɪtə]	Heizkörper
plug	Stecker
socket	Steckdose (an der Wand)

FAMILIENLEBEN

Da die Kinder bis 16.00 Uhr in der Schule sind, arbeiten die meisten Mütter halbtags oder sogar ganztags. Gekocht wird deshalb oft schnell, vielleicht nicht immer frisch – Stichwort convenience food (Fertiggerichte). Wundere dich nicht, wenn nicht alle zusammen essen, wenn der Fernseher im Hindergrund läuft, oder wenn sogar vor dem Fernseher gegessen wird. Fernsehen spielt überhaupt eine wichtige Rolle im britischen und irischen Leben. Es wird vor dem Fernseher und über das Fernsehen diskutiert. Aktuelle Witze und Sprüche aus beliebten Sendungen werden schnell in den Alltag und in die englische Sprache integriert, meistens aber nur für kurze Zeit.

Die Briten wie die Iren sind sehr gastfreundlich und behandeln ihre Gäste als Mitglieder der Familie. Trotzdem solltest du am Anfang gleich absprechen, ob es der Familie recht ist, wenn du dich selbstständig bedienst, Freunde zu Besuch hast, lange telefonierst oder rauchst. Es beugt einfach Missverständnissen vor …

SPORT UND ANDERE FREIZEITAKTIVITÄTEN

Die Briten sind Sportfanatiker, egal ob sie selber spielen oder nur Zuschauer sind, sei's soccer/football (Fußball), rugby, cricket, golf, horse racing (Pferderennen) oder darts (Dart). Und Sport ist nicht nur Männersache: Frauen und Kinder fiebern genauso mit.

Familien gehen oft lieber einkaufen als spazieren. Am Wochenende werden Freunde zum Essen eingeladen. Brettspiele (board games) sind bei allen Altersgruppen beliebt. Bei schönem Wetter findet man die Briten im Garten, wo sie am Abend gerne BBQs ['bɑːbɪkjuː] (Grillpartys) veranstalten.

In Irland kannst du zwei sehr alte Sportarten erleben, die außerhalb Irlands kaum gespielt werden: Hurling und Gaelic Football. Beide sind sehr spannend und im ganzen Land beliebt. Mehr Information dazu unter: http://www.gaa.ie

! Weil Irland ein eigenes Fußballspiel hat, sagt man dort zum FIFA-Fußball meistens soccer und nicht, wie in Großbritannien, football.

REDEWENDUNGEN – PHRASES

Do you mind if I help myself or should I ask?
Macht's euch was aus, wenn ich mich selbst bediene, oder soll ich fragen?

Would you mind if I had some friends over?
Macht's euch was aus, wenn ich ein paar Freunde einlade?

Do you think I could have another blanket / towel?
Könnte ich vielleicht noch eine Decke / ein Handtuch haben?

I'm really tired – I think I'll go to bed.
Ich bin total müde. Ich glaube, ich gehe schlafen.

I'm a bit homesick.
Ich habe ein bisschen Heimweh.

I miss my family / my boyfriend / girlfriend.
Ich vermisse meine Familie / meinen Freund / meine Freundin.

Could you maybe turn up / down the heating in my room?
Könntest du in meinem Zimmer die Heizung hoch- / herunterdrehen?

The bed's a little bit soft / hard.
Das Bett ist ein bisschen weich / hart.

I'm finding it hard to understand things.
Mir fällt's schwer, euch zu verstehen.

!

Denke daran für deine Gastfamilie auch ein kleines Gastgeschenk mitzubringen, vielleicht etwas Typisches aus deiner Region. Deinem Austauschpartner könntest du auch den Pons Erste Hilfe Schüleraustausch Deutschland mitbringen.

HÖFLICHKEIT

Briten wie Iren sind für ihre fast übertriebene Höflichkeit bekannt. Das merkst du vor allem im Zug, wenn du unabsichtlich jemanden anrempelst und diese Person sorry sagt. Überhaupt wird viel Wert drauf gelegt, oft please, thank you und sorry zu sagen. Für viele Deutsche klingt das Ganze zu aufgesetzt und etwas schleimig, aber Kulturen lassen sich nicht so einfach übersetzen …

Ansonsten sollte man es vermeiden zu direkt zu sein. Um den heißen Brei herumzureden ist ganz üblich in Großbritannien. Übrigens, man sollte sich in einer Warteschlange (queue [kjuː]) auch immer hinten anstellen.

TABUS

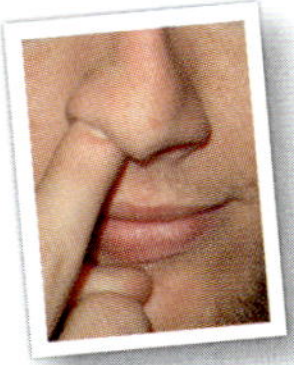

Manche Verhaltensweisen, die in Deutschland auch nicht als angenehm empfunden werden, gelten in Großbritannien und Irland als sehr unhöflich. Dazu gehören, die Hand beim Gähnen (yawn) nicht vorm Mund zu halten und in der Nase zu popeln (pick your nose). Auf keinen Fall solltest du auf die Straße spucken (spitting) oder jemandem den Stinkefinger zeigen (give someone the finger).

NO SEX PLEASE, WE'RE BRITISH!

Die Briten reden gerne über Sex, Iren sind da vielleicht zurückhaltender. Junge Frauen ziehen sich leicht und sehr knapp an. Seltsamerweise haben aber viele ein Problem mit Nacktheit. Öffentliche Saunas sind nicht sehr beliebt und in den Sammelumkleidekabinen versucht man sich umzuziehen ohne Haut zu zeigen. Die Deutschen gelten als viel offener. Komischerweise haben aber die meisten Zimmertüren kein Schloss. Gut zu wissen.

WÖRTER – WORDS

polite / impolite / rude
höflich / unhöflich / unverschämt

two-finger salute [sə'lu:t]
wie der ‚Stinkefinger', aber der Zeigefinger wird noch dazu genommen (Vorsicht: sehr vulgär)

to fart* / let rip*
furzen

burp* [bɜ:p] / belch [beltʃ]
rülpsen

to shit** / to crap** / to poo* [pu:] / to do a number 2*
scheißen / kacken

to pee* / to piss** / to do a number 1*
pinkeln / pissen*

arse** / bum* / behind / bottom
Arsch / Hintern

!

Dadurch, dass die Briten sehr häufig fluchen und weil im Fernsehen auch oft geflucht wird, werden Kraftausdrücke im Alltag mehr verwendet als in Deutschland.

!

'Excuse me' benutzt du im Allgemeinen, wenn du auf dich aufmerksam machen willst (z. B. Excuse me, do you have the time?), 'Pardon', wenn du z. B. gerülpst oder etwas akustisch nicht verstanden hast, und 'Sorry', wenn dir etwas leidtut.

SAFE SEX

Sex unter 16 Jahren (in Nordirland unter 17) ist streng verboten und bestimmt muss dir niemand sagen, dass man, wenn überhaupt, dann nur geschützten Sex praktizieren sollte. Kondome kann man überall kaufen. Die bekanntesten Marken heißen z. B. Durex® oder Mates® (Kostenpunkt ca. £2.30 / £3.50 für 3 Stück). Ansonsten sollte es klar sein, dass du nicht mit jemandem nach Hause gehst, den du gerade kennen gelernt hast; dass du aufpasst, wenn du Alkohol trinkst; dass du bei der Gruppe bleibst, und so weiter.

DIE TAGE

Die „Tage" (period) sind eine eher unangenehme Zeit. Noch dazu bist du jetzt in einem fremden Land. Falls du Hygieneartikel mitgenommen hast, ist das schon mal erledigt. Wenn nicht, keine Panik: Erzähle es ruhig deiner Gastmutter oder Austauschpartnerin. Sie werden dir bestimmt helfen können. Alternativ kannst du in jedem Supermarkt oder in jeder Drogerie Tampons, Binden und Schmerzmittel kaufen. Achtung: Tampons gibt's in den Größen Regular (Normal), Super und Super Plus und meistens nur mit Applikator. Lilets® z. B. sind aber ohne Applikator.

Tampons:	z. B. Tampax® gibt es in der 12er Packung für ca. £1.10 / €4.99
Binden:	z. B. Always® gibt es in der 12er Packung für ca. £1.50 / €2.60
Schmerzmittel:	z. B. Nurofen® (Ibuprofen) Tabletten (16 St.) kosten ca. £1.50 / €2.60

!

Sowohl Kondome als auch Binden oder Tampons können in den meisten öffentlichen Toiletten an Automaten gezogen werden.

REDEWENDUNGEN – PHRASES

Wenn dich jemand anmacht, kannst du ruhig laut und deutlich Piss off! (Verpiss dich!) rufen!

Don't touch me!
Fass mich nicht an!

I've got my time of the month / my period.
Ich habe meine Tage.

Have you got a tampon / sanitary towel / painkiller for me?
Hast du bitte einen Tampon / eine Binde / eine Schmerztablette für mich?

I've got bad period pains. I think I'll stay at home if that's ok.
Ich habe schlimme Regelschmerzen. Wenn's euch nichts ausmacht, bleibe ich zu Hause.

WÖRTER – WORDS

condom	Kondom
the curse*	die Regel (wörtlich: der Fluch!)
tampon	Tampon
(sanitary) towels ['taʊəlz]	Binden
cramps	Krämpfe
hot water bottle	Wärmflasche
panty liners	Slipeinlagen

1. Häuser

Die Buchstaben in den weißen Kästchen ergeben ein Wort, welches auch mit Häusern zu tun hat.

1. Das findest du im 1. Stock. ☐☐☐☐☐☐☐
2. Teppichboden … ☐☐☐☐☐☐
3. Draußen im Garten, wo man im Sommer grillt. ☐☐☐☐☐
4. Eingangsbereich. ☐☐☐☐
5. Brauchst du, um z.B. Licht ein- und auszuschalten. ☐☐☐☐☐☐
6. Eine Birne, aber nicht die essbare Variante. ☐☐☐☐☐☐☐☐☐
7. Hochwertiger Bodenbelag. ☐☐☐☐☐☐☐
8. Hat man in jedem Zimmer, meistens unterm Fenster. ☐☐☐☐☐☐☐☐

Lösungswort: ☐☐☐☐☐☐☐☐

2. Was sagst du … (Ordne die blauen Redewendungen den passenden schwarzen zu.)

1. … wenn du Heimweh hast?
2. … wenn du vor der ganzen Familie rülpst?
3. … wenn du in der U-Bahn jemanden unabsichtlich berührst?
4. … wenn du mal musst.
5. … wenn ein paar Freunde dich abends besuchen möchten?
6. … wenn's dich friert?

a. I need to use the toilet / loo.
b. I'm feeling a bit homesick.
c. I'm a bit cold – could you maybe turn up the heating?
d. Pardon.
e. Is it alright if I have some friends round / over?
f. Sorry.

3. Finde heraus …

Frage deine Gastfamilie. Was sagt man in britischer Umgangssprache für …

1. Toilette ____________________
2. stehlen ____________________
3. lügen ____________________
4. Geld ____________________
5. Kleid ____________________
6. Pickel ____________________
7. müde ____________________
8. Klasse! ____________________
9. gut aussehend ____________________

Lösungen:

1. 1. landing, 2. carpet, 3. patio, 4. hall, 5. switch, 6. lightbulb, 7. parquet, 8. radiator
   Lösungswort: detached
2. 1.b; 2.d; 3.f; 4.a; 5.e; 6.c
3. Hier einige mögliche Antworten: 1. loo; 2. to nick; 3. to fib; 4. dosh; 5. frock; 6. zit; 7. knackered, whacked; 8. cool! wicked!; 9. hot, gorgeous

WIR HABEN HUNGER, HUNGER, HUNGER …

Andere Länder, andere Sitten *und* andere Speisen. Was anders ist, ist nicht unbedingt schlecht, nur gewöhnungsbedürftig. Probier's doch einfach …

In Großbritannien und Irland gibt's morgens zum Frühstück (breakfast) Cerealien (cereals), Toast mit Orangenmarmelade (marmelade), Marmite® (Hefeextraktaufstrich), andere Aufstriche (spreads [spredz]) und vielleicht Rührei (scrambled egg) oder gekochte Eier (boiled eggs). Das berühmte British Breakfast, Full English Breakfast, Full Irish Breakfast, Fried Breakfast oder Fry-up (Bacon, Würstchen, Spiegeleier, gebratene Pilze, Tomaten, gebackene Bohnen (baked beans) und Brot) ist sehr zeitaufwändig und wird oft nur am Wochenende (wenn überhaupt) gegessen. Das Weißbrot (in Irland sliced pan genannt) ist sehr weich und schmeckt den meisten Deutschen überhaupt nicht. Brot, wie man es aus Deutschland kennt, findet man manchmal im Supermarkt als Continental bread (europäisches Brot) oder im Feinschmeckerladen (delicatessen). Zum Frühstück trinkt man Schwarztee (tea), Kaffee (oft löslicher Kaffee – instant coffee), Kakao (cocoa ['kəʊkəʊ]), Saft (juice) oder Sirup (squash [skwɒʃ]).

Zu Mittag (lunch oder dinner) isst man meistens einen kalten Snack: Sandwiches mit den unterschiedlichsten Belägen, Chips (crisps – Vorsicht: chips sind Pommes) in tausend Geschmacksrichtungen oder pies (Pasteten).

Beim Abendessen (tea / dinner / supper) gibt's dann etwas Warmes. Dazu Softdrinks (oft pop genannt), Sprudel (sparkling water oder mineral water) oder Sirup und Säfte.

REDEWENDUNGEN – PHRASES

What's for dinner?	Was gibt's zum Abendessen?
I'm starving.	Ich sterbe vor Hunger.
I'm really not that hungry.	Ich bin nicht wirklich hungrig.
I'm completely full / stuffed*.	Ich bin total satt.
I don't really like …	Eigentlich mag ich … nicht wirklich.
That's not really my thing.	Das ist nicht so mein Ding.
That's delicious [də'lɪʃəs] / yummy ['jʌmi].	Das ist super lecker.
It tastes like …	Das schmeckt wie …
Would you like a cuppa ['kʌpə]?	Möchtest du eine Tasse Tee?

!

Achtung: Marmite® ist salzig und sehr gewöhnungsbedürftig!

WÖRTER – WORDS

sarnie* / butty* ['bʌti]	Sandwich
pickle	eingelegte Gemüse
herbal tea / fruit tea	Kräutertee / Früchtetee

!

Sehr verwirrend: Dinner bedeutet in manchen Haushalten Mittagessen, in anderen Abendessen! Diese Unterschiede sind meist regional: Im Norden sagt man oft dinner (Mittagessen) und tea (Abendessen). Im Süden dagegen lunch und dinner.

TAKEAWAYS

Essen zum Mitnehmen (takeaway) ist genauso verbreitet wie hierzulande, obwohl das traditionelle Lieblingsgericht der Briten mittlerweile vom indischen Curry-Gericht überholt wurde: Chicken Tikka Masala statt Fish 'n' Chips. Die Zeiten ändern sich halt …

CURRYSORTEN

Es gibt unterschiedliche Currysorten, die man meistens entweder als Gemüse- (vegetable), Huhn- (chicken), Lamm- (lamb) oder Garnelen- (prawn) Curry bestellen kann.

Korma	milder Curry mit Mandeln und Kokosmilch
Rogan Josh	mittelscharfer Curry mit Tomaten
Bhuna	mittelscharfer Curry mit Gemüse
Jalfrezi	mittelscharfer Curry mit Zwiebeln
Madras	scharfer Curry
Vindaloo	sehr scharfer Curry

WENN DU'S EHER TRADITIONELL MAGST …

steak and kidney pie	Pastete mit Rindfleisch und Rindernierchen
shepherd's pie	Auflauf aus Lammhack und Kartoffelpüree
haggis	gefüllter Schafsmagen (schottische Spezialität)
Irish stew	Eintopf mit Lammfleisch und Kartoffeln
bread and butter pudding	Nachtisch aus in Milch eingeweichten Brotscheiben und Rosinen
trifle	geschichtete Nachspeise

REDEWENDUNGEN – PHRASES

What's your favourite food?	Was ist dein Lieblingsessen?
Is this a traditional dish?	Ist dies ein traditionelles Gericht?
You're a very good cook.	Du kochst sehr gut.
Let's order some food.	Lass uns was zu essen bestellen.
Chinese doesn't agree with me.	Chinesisches Essen bekommt mir nicht.

WÖRTER – WORDS

mint sauce	Minzsauce (Gibt's meistens zum Lamm.)
horseradish sauce	Meerrettich
gravy	Bratensauce
Yorkshire pudding	Gericht aus Pfannkuchenteig (Beilage zum Roastbeef)
custard	Vanillesoße (Nicht zu verwechseln mit mustard. Das ist Senf.)
casserole ['kæsərəʊl] / stew	Auflauf / Eintopf
fried	(in der Pfanne) gebraten
deep-fried	frittiert
boiled	gekocht
roast	(im Ofen) gebraten

!

Hot heißt auf Englisch ‚heiß', aber auch ‚scharf'. Man fragt oft:
Is it hot hot (heiß) or spicy hot (scharf)?

SONDERWÜNSCHE

Ob Vegetarier oder Veganer: in Großbritannien und Irland hat man im Vergleich zu Deutschland eine Riesenauswahl an Produkten, auch in jedem Supermarkt. Den Hinweis 'Suitable for vegetarians' (für Vegetarier geeignet) sieht man oft sowie 'Gluten-free' ['glu:tən fri:] (glutenfrei) oder 'Lactose-free' ['læktəʊz fri:] (laktosefrei).

Diabetiker aufgepasst: 'Diet' [daɪət] im Produktnamen heißt *kalorienarm* oder *light* (z. B. Diet Coke) und nicht Diät. Dafür steht 'Suitable for diabetics'.

TISCHMANIEREN

Die Briten und Iren sind in Sachen Etikette am Tisch vielleicht ein bisschen konservativer und strenger als die Deutschen. Das meiste kennst du von zu Hause, aber bevor du versehentlich jemanden beleidigst, hier zur Erinnerung:

- Manche Familien sprechen das Tischgebet (grace) vor dem Essen. Musst du natürlich nicht, aber ein ‚Amen' am Ende wäre vielleicht nicht verkehrt.
- Beginne erst zu essen, wenn die anderen damit angefangen haben.
- Ellenbogen auf dem Tisch wird als unhöflich empfunden.
- Sprich nicht mit vollem Mund.
- Iss mit Messer *und* Gabel (die Gabel in der linken Hand).
- Sage, wenn das Essen serviert wird, und nach dem Essen 'Thank you'.

!

Falls du während der Mahlzeit mal kurz raus musst, dann steh am besten nicht einfach wortlos auf, sondern füge ein 'Excuse me for a moment, please.' hinzu.

REDEWENDUNGEN – PHRASES

Let's say grace.	Lasst uns das Tischgebet sprechen.
Thank you for a lovely meal.	Das Essen war klasse – danke.
Where should I sit?	Wo soll ich sitzen?
I'm allergic to …	Ich bin allergisch gegen …
Can I be excused? / Can I get up?	Darf ich aufstehen?
Could you pass me the salt and pepper, please?	Könntest du mir bitte Salz und Pfeffer reichen?
Would you like me to lay / set the table?	Soll ich den Tisch decken?
Would you like seconds?	Möchtest du eine 2. Portion / einen Nachschlag?
I'm full.	Ich bin satt.
It's not quite my thing.	Das ist nicht so mein Geschmack.
I'm sorry, but I don't really like this.	Tut mir leid, aber das schmeckt mir nicht wirklich.

WÖRTER – WORDS

pudding / dessert / afters	Nachtisch
allergy	Allergie
intolerance	Unverträglichkeit
place mat	Platzdeckchen
coaster	Untersetzer

!

Pudding heißt Nachspeise im Allgemeinen und nicht nur Pudding.

1. Klingt lecker!

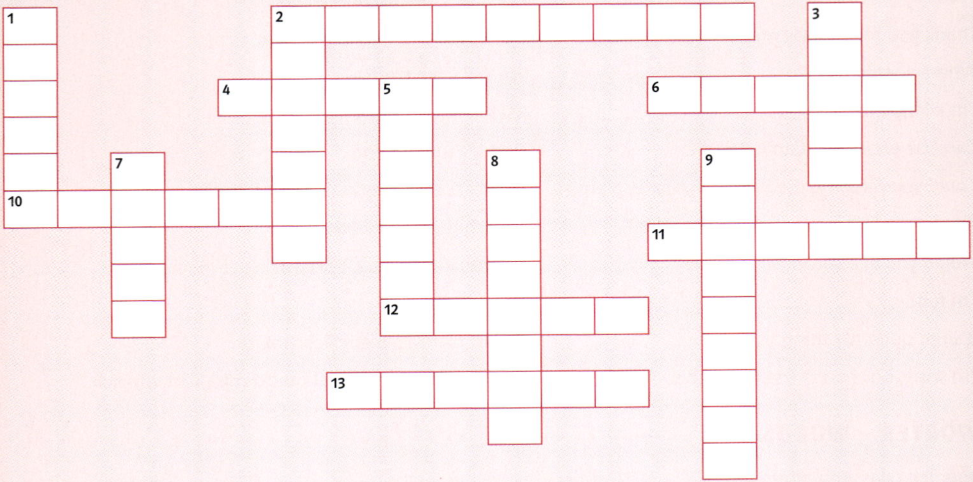

Horizontal – Across

2. Sprudel heißt … water.
4. britisches Lieblingsgetränk (Umgangssprache)
6. mildes Currygericht
10. zwei Scheiben Brot mit 'was dazwischen (Umgangssprache)
11. Nachspeise mit vielen Schichten
12. ein Muss zum Roastbeef
13. Getränk, das mit Wasser verdünnt werden muss.

Vertikal – Down

1. schottische Spezialität aus Schafsmagen
2. total satt (Umgangssprache)
3. Lecker!
5. allgemeiner Begriff für Desserts
7. 'For what we're about to receive, may the Lord make us truly thankful, Amen.'
8. Essen zum Mitnehmen
9. So kann man Eier auch essen.

2. Sortierspiel

Was kriegst du zum Frühstück, was zum Abendessen? Ordne die folgenden Gerichte den Mahlzeiten zu.

bacon, boiled eggs, cereals, cocoa, pies, crisps, curry, pizza, fish 'n' chips, pop, Marmite®, sandwiches	**Breakfast**	**Lunch**	**Dinner**

3. Finde das heraus ...

Unten findest du eine Liste britischer und irischer Speisen. Frage deine Gastfamilie, um welche Gerichte es sich handelt und wie sie zubereitet werden. Schreibe auf, ob das Gericht in der Pfanne gebraten (fried), frittiert (deep-fried) oder im Schmortopf (casseroled) gegart wird.

a. onion rings ______________________

b. Irish stew ______________________

c. bubble and squeak ______________________

d. pork chops ______________________

e. beef stroganoff ______________________

f. doughnuts ______________________

g. Lancashire hot-pot ______________________

h. chips ______________________

i. Cumberland sausage ______________________

Lösungen:

1. Across: 2. sparkling; 4. cuppa; 6. korma; 10. sarnie; 11. trifle; 12. gravy; 13. squash
Down: 1. haggis; 2. stuffed; 3. yummy; 5. pudding; 7. grace; 8. takeaway; 9. scrambled
2. breakfast: bacon, Marmite®, cereals, cocoa, boiled eggs
lunch: crisps, pies, sandwiches
dinner: fish 'n' chips, pop, pizza, curry
3. fried: c., d., i.
deep-fried: a., f., h.
casseroled: b., e., g.

DAS SCHULSYSTEM IN GROSSBRITANNIEN

Zur Schule muss man in Großbritannien ab dem 5. und bis zum 16. Lebensjahr gehen. Es gibt zwei parallele Schulsysteme: die staatlichen Schulen (state schools), die kostenlos sind, und die privaten Schulen (private schools), die Gebühren erheben. Primary schools sind für 5- bis 11-Jährige, secondary schools für 11- bis 16- oder 18-Jährige. Letztere sind entweder grammar schools oder high schools (beide dem Gymnasium ähnlich) oder comprehensive schools (der Gesamtschule ähnlich). Sixth form colleges oder colleges of secondary education erweitern das Schulsystem für 16- bis 18-Jährige.

Die vier Länder des Vereinigten Königreiches haben eigene Schulsysteme, die aber sehr viele Gemeinsamkeiten haben. So wird in England, Wales und Nordirland nach einem einheitlichen Lehrplan (National Curriculum) unterrichtet. Er beinhaltet vier Stufen (key stages). Key Stage 3 z. B. gilt für 11- bis 14-Jährige, Key Stage 4 für 14- bis 16-Jährige. Der Lernstand jedes Schülers wird durch landesweite Prüfungen, genannt SATS, mit dem vorgesehenen Lernniveau verglichen.

DAS IRISCHE SCHULSYSTEM

Das Schulsystem in Irland funktioniert so ähnlich wie in Großbritannien: 4- oder 5-Jährige besuchen die primary school, bis sie 12 Jahre alt sind. Dann gehen sie 5 bis 6 Jahre lang auf die secondary school. Die erste Hälfte davon heißt Junior Cycle und endet mit der Junior Cert-Prüfung. Danach folgt oft ein transition year. In diesem Jahr wird der normale Unterricht zurückgestellt, die Schüler verfolgen stattdessen spezielle Projekte – es kann sich dabei z. B. um Sozialarbeit, naturwissenschaftliche Projekte oder eine Firmengründung handeln. Nach zwei weiteren Jahren wird die Schule mit der Leaving Cert-Prüfung abgeschlossen. Wer in dieser Prüfung eine bestimmte Punktzahl erreicht, kann an einer Universität studieren.

Im Gegensatz zu Großbritannien sind fast alle irischen Grundschulen und die meisten Gymnasien kostenlos, viele werden von religiösen Orden mitverwaltet. Gaelscoileanna bieten irischsprachigen Unterricht an – das heißt, dass der Unterricht und auch die Lehrbücher auf Irisch sind.

REDEWENDUNGEN – PHRASES

Which school do you go to?	In welche Schule gehst du?
What class / form / grade are you in?	In welcher Klasse bist du?
What GCSEs are you taking?	In welchen Fächern schreibst du deine GCSE-Prüfung?
What subjects are you doing in the Leaving?	In welchen Fächern schreibst du deine Leaving-Prüfung?
I'm leaving school before the sixth form.	Ich verlasse die Schule vor der Oberstufe.
I'm hoping to go to Oxford Uni.	Ich versuche einen Platz an der Uni Oxford zu bekommen.

WÖRTER – WORDS

primary school	Grundschule
boarding school	Internat
sixth form college / college of further education	Oberstufe
SATS (Standard Assessment Tests)	Prüfung zur Bewertung von Schülern
comp* (comprehensive school)	(ähnlich Gesamtschule)
pass	bestanden
fail	durchgefallen

!

In Großbritannien werden die Arbeiten mit A-F benotet, A ist die beste Note, F steht für fail = durchgefallen.

DER SCHULTAG

Hier kannst du ein paar Minuten länger im Bett bleiben: Die Schule fängt erst zwischen 08.30 und 09.00 Uhr an. Einige Schulen fangen mit einer assembly (Morgenandacht) an, andere hören damit auf. Auf jeden Fall werden die Namen aufgerufen (taking the register) bevor die erste Stunde (lesson oder period; in Irland: class) losgeht. In manchen Schulen dauert eine lesson 60 Minuten, in anderen nur 45 Minuten. Dies ist von Schule zur Schule unterschiedlich. Es gibt Einzelstunden (single lessons) und Doppelstunden (double lessons). Um ca. 10.30 Uhr vormittags geht's in eine Pause (break oder recess ['riːses]) von ca. 20 Minuten. Zwischen 13.00 und 14.00 Uhr gibt's eine Mittagspause (lunch break) von ca. 40 Minuten. Die Schule geht danach weiter, normalerweise bis 15.30 oder 16.00 Uhr.

FÄCHER

Welche Fächer (subjects) auf dem Stundenplan (timetable) stehen, hängt von der Schule ab. Der Stundenplan könnte neben English, Maths oder French die folgenden Fächer beinhalten: Science (Naturwissenschaft), Games (Sport), Physical Education oder P.E. (Turnen), Drama (Theater-AG), Religious Studies oder R.E. (Religion), I.C.T. (Informatik) oder Citizenship (Sozialkunde).

In Irland ist die irische Sprache Pflichtfach für alle Schüler, sie haben täglichen Unterricht darin. Daran musst du natürlich nicht teilnehmen!

KLASSEN UND ABSCHLÜSSE

In staatlichen englischen und walisischen Schulen kommen 11-Jährige in die siebte Klasse (Grade 7). In schottischen Schulen heißt dieser Jahrgang S1, während es in privaten Schulen viele verschiedene Bezeichnungen dafür gibt.

Im Alter von 15 oder 16 schreiben die meisten Schüler GCSE-Prüfungen (ähnlich der Mittleren Reife) (Schottland: Standard Grades), mit 17 oder 18 die GCE A Levels oder die schottischen Higher Grades (ähnlich dem Abitur). A Levels und Higher Grades werden benötigt, um an einer Universität zu studieren.

REDEWENDUNGEN – PHRASES

What are you doing at half-term?	Was machst du in den ‚kleinen' Ferien?
Have you got Science today?	Hast du heute Naturwissenschaften?
We've got a free next.	Die nächste Stunde ist eine Freistunde.
What homework have we got in Maths today?	Was haben wir heute in Mathe auf?
Do you want to come to lunch with us?	Willst du mit uns essen gehen?
The bell's about to go.	Es klingelt gleich.

WÖRTER – WORDS

school prefect ['pri:fekt]	Aufsichtsschüler
form prefect	Klassensprecher
head boy / head girl	Schulsprecher / in
school nurse / matron ['meɪtrən]	Krankenschwester (in der Schule)
canteen / refectory [rɪ'fektəri]	Kantine

!

Das Schuljahr läuft von September bis Juli und wird in drei Semester (terms) unterteilt. In der Mitte jedes Semesters hat man eine Woche Ferien (half-term holiday).

SCHULUNIFORM

Die meisten Schulen in Großbritannien und Irland haben ihre eigene Schuluniform (uniform). Heutzutage ist die ‚Uniform' meistens nichts anderes als ein blaues Sweatshirt und eine blaue Hose. Du musst sie natürlich nicht tragen. Schmuck und andere Wertsachen sind oft im Unterricht verboten – dafür gibt es extra Schließfächer (lockers).

FREIZEIT

Obwohl viele Sportarten, Kunst, Musik und Theater auf dem Lehrplan stehen, gibt es nach der Schule viele Vereine (clubs), Gruppen und Chöre. Es wird erwartet, dass Schüler auch an solchen Veranstaltungen teilnehmen.

SONSTIGES

- 'School dinners' (Schulessen) kannst du in der Cafeteria (canteen / refectory) kaufen, musst du aber nicht. Viele Schüler bringen etwas zu essen (packed lunch) mit.
- In manchen privaten Schulen gibt's an Samstagvormittagen auch Unterricht.
- Nachsitzen wegen schlechten Benehmens heißt auf Englisch to have detention.
- Fälle von Mobbing (bullying ['bʊliɪŋ]) werden grundsätzlich nicht toleriert und streng bestraft. Du solltest bullying auf jeden Fall dem Klassenlehrer oder Schulleiter (headteacher / headmaster / headmistress) melden.

REDEWENDUNGEN – PHRASES

What clubs are you in?	In welchen Vereinen bist du?
There're hamburgers for lunch today.	Zu Mittag gibt's Hamburger.
Chris has been picking on me.	Chris hackt auf mir herum.
They keep making fun of me.	Sie machen sich ständig über mich lustig.
They've been telling jokes about Germans.	Sie machen Witze über die Deutschen.

WÖRTER – WORDS

swot* [swɒt]	Streber
nerd* [nɜːd]	Streber / Freak
teacher's pet	der Lieblingsschüler (des Lehrers)
class clown	Klassenkasper

1. Was ist das Lösungswort?

Wenn du alle acht Worte richtig errätst, ergeben die Buchstaben in den weißen Feldern ein Wort, das mit dir viel zu tun hat.

1. Das Schuljahr wird in drei ☐ ☐ ☐ ☐ ☐ aufgeteilt.
2. Die Oberstufe. ☐ ☐ ☐ ☐ ☐ ☐ ☐ ☐ ☐
3. Britische Prüfung ☐ ☐ ☐ ☐
4. Die meisten britischen Kinder besuchen diese Art von Schule. ☐ ☐ ☐ ☐ ☐ ☐ ☐ ☐ ☐ ☐ ☐ ☐ ☐
5. Ein beliebtes Fach. ☐ ☐ ☐ ☐ ☐
6. Oops! Da bleibt einer heute ein bisschen länger in der Schule. ☐ ☐ ☐ ☐ ☐ ☐ ☐ ☐ ☐
7. Ein Schulform in der Sekundarstufe. ☐ ☐ ☐ ☐ ☐ ☐ ☐ ☐ ☐ ☐ ☐ ☐ ☐
8. Physik, Chemie und Co. ☐ ☐ ☐ ☐ ☐ ☐ ☐

Lösungswort: ☐ ☐ ☐ ☐ ☐ ☐ ☐ ☐

2. Der Schultag

Bringe diese Schulabläufe in die richtige Reihenfolge.

bell for 1st lesson	break	clubs	final bell	lunch	register

1. ____________ 3. ____________ 5. ____________

2. ____________ 4. ____________ 6. ____________

3. Was meinst du . . .

Fülle diese Tabelle aus, zusammen mit deinem Austauschpartner oder mit der Gastfamilie.

Die Vorteile britischer Schulen sind:	The advantages of German schools are:

Lösungen:
1. 1. terms; 2. sixth form; 3. GCSE; 4. comprehensive; 5. drama; 6. detention; 7. grammar school; 8. science; Lösungswort: exchange
2. 1. register; 2. bell for 1st lesson; 3. break; 4. lunch; 5. final bell; 6. clubs
3. Hierzu gibt's natürlich keine richtige oder falsche Antwort. Es ist Ansichtssache.

BRIEFE UND POSTKARTEN SCHICKEN

Filialen der Royal Mail (post offices – in Irland heißen sie Oifig an Phoist) sind in der Regel montags bis freitags von 09.00 – 17.30 Uhr geöffnet, und samstags von 09.00 – 13.00 Uhr. Das Verschicken von Postkarten und Briefen innerhalb Großbritanniens kostet 60p First Class (die schnellere Variante) und 50p Second Class (etwas langsamer), innerhalb Irlands kostet eine Postkarte oder ein Brief €0.55. Beides kostet nach Deutschland 87p (€0.82 aus Irland). Briefmarken (stamps) kannst du entweder bei der Post oder in Zeitschriftenläden und Supermärkten kaufen. Post boxes (Briefkästen) sind noch die altbekannten – groß und rot, in Irland moosgrün.

INTERNET-CAFÉS UND BIBLIOTHEKEN

Falls du ins Internet willst und bei der Gastfamilie keinen Internetzugang (internet access ['ɪntənet 'ækses]) hast, kannst du natürlich auch ein Internet-Café aufsuchen. Diese findest du in den meisten Städten. Die Kosten variieren stark und liegen zwischen £1.50 und £5.00 pro Stunde, €2.50 – €6.00 in Irland. Normalerweise beschränkt sich die Gebühr auf den reinen Internetzugang. Alles weitere, z. B. Scannen usw., kostet extra.

Wer kein Internet-Café in der Nähe findet, kann auch in einer öffentlichen Bibliothek (public library) ins Internet. Diese haben in der Regel montags bis freitags von 09.00 – 17.00 Uhr geöffnet. Surfen kannst du hier kostenlos. Allerdings sind die Zeiten beschränkt auf 30 – 60 Minuten.

REDEWENDUNGEN – PHRASES

Could you tell me where the nearest post box is, please?
Können Sie mir bitte sagen, wo der nächste Briefkasten steht?

Could I have a First Class / 60p stamp, please?
Ich hätte gerne eine ‚First Class' / 60p Briefmarke bitte.

How much would it cost to send this to Germany?
Wie viel würde es kosten, dies nach Deutschland zu schicken?

How do I print something on this computer?
Wie kann ich an diesem Computer etwas ausdrucken?

Can I write / toast* a CD Rom?
Darf ich eine CD-ROM brennen?

How long can I use the internet for?
Wie lange darf ich das Internet benutzen?

WÖRTER – WORDS

mail / post	Post	overseas	ins Ausland
postcard	Postkarte	delivery	Lieferung
envelope	Umschlag	postcode	Postleitzahl
parcel	Paket	collection	Abholung
small parcel / package	Päckchen	urgent [ɜːdʒᵊnt]	dringend

TELEFONZELLEN

Die alten Telefonzellen (telephone boxes) sieht man noch relativ häufig, zumindest in London. Die modernen Telefonzellen heißen payphones und haben unterschiedliche Formen und Farben, abhängig vom Anbieter.

BT (British Telecom) ist Großbritanniens größter Telefonanbieter, der wichtigste irische Anbieter heißt Eircom. Beide Firmen bieten standard payphones (Standardtelefonzellen), text and e-mail payphones, mit denen du nicht nur telefonieren, sondern auch SMS-Nachrichten (text messages) und E-Mails verschicken kannst und internet kiosks (Internetzellen), mit denen du telefonieren, SMS verschicken und auch im Internet surfen kannst.

In einer modernen Telefonzelle sieht alles recht fremd aus: Auf einem Bildschirm wirst du gefragt, ob du eine text message (SMS) oder e-mail verschicken willst. Erst als letztes wirst du gefragt, ob du telefonieren willst. Auch das Wählen ist etwas gewöhnungsbedürftig, denn hier gibt es eine komplette Tastatur (keyboard), in der die Zahlen in der obersten Reihe nebeneinander stehen.

Ein Anruf kostet mindestens 60p (ins Inland). Anrufe ins Ausland sind natürlich teurer. Eine SMS kostet 20p pro Nachricht, Internetzugang £1 für 15 Minuten. In Irland muss man sich für die meisten payphones vorher eine Callcard besorgen, diese kann man z. B. in Zeitschriftenläden für €10 oder €20 kaufen.

In manchen payphones kannst du mit Bargeld (cash) bezahlen. Hier steht oft ein Schild 'coin-operated' (Münztelefon). Telefonzellen akzeptieren 10p, 20p, 50p, £1 und manchmal auch £2-Münzen. Manche nehmen sogar 50c, €1 und €2-Münzen. An vielen Telefonzellen kann man auch mit der Kreditkarte bezahlen, dafür fallen allerdings zusätzliche Gebühren an.

REDEWENDUNGEN – PHRASES

Insert your card / more coins
Karte einstecken / Münzen nachwerfen

Remove your card
Karte entnehmen

Pick up the phone
Hörer abnehmen

Dial a number
Nummer wählen

Put down the phone / hang up
Hörer auflegen

The number you have dialled is not available / is engaged.
Der Teilnehmer ist zurzeit nicht erreichbar / ist besetzt.

You have 20p credit left.
Sie haben noch ein Guthaben von 20p.

!

In Birmingham, Manchester, London und am Flughafen London-Heathrow gibt es einige BT Telefonzellen, von denen du sogar eine halbminütige Videomail verschicken kannst.

TELEFONE KLINGE(L)N ANDERS

- Bevor du wählst, warte auf einen kontinuierlich hohen Ton – dies ist das Amtszeichen (dialling tone).
- Wenn du eine englische oder irische Nummer gewählt hast, hörst du ein wiederholtes Doppelklingelzeichen (ringing tone), wenn die Nummer frei ist, oder
- einen wiederholten Einzelton, wenn die Nummer besetzt (engaged) ist.
- Wenn dein Guthaben verbraucht ist, hörst du eine Reihe kleiner Piepstöne (pips [pɪps]).

VORWAHLEN

Die Landesvorwahl (country code) für Deutschland ist 0049, für Großbritannien 0044 und für Irland 00353.

Wichtige Ortsvorwahlen (area codes) sind z. B.:
London – 020, Birmingham – 0121, Manchester – 0161, Oxford – 01865, Dublin – 01.

BILLIGER TELEFONIEREN

Vom Festnetz (landline) aus telefonierst du nach 18.00 Uhr und am Wochenende billiger, ab 20.00 Uhr und am Wochenende auch ins Ausland. Du kannst aber auch mit Billigvorwahlen (access numbers) z. B. von Telediscount oder Justphone sehr günstig nach Hause telefonieren. Außerdem kannst du eine Guthabenkarte (prepaid calling card) z. B. von Go bananas kaufen. Dann wählst du deinen persönlichen access code (steht auf der Karte) und telefonierst das Guthaben ab.

!

Nützliche Telefonnummern und Links:
Auskunft (National): 118 500
Auskunft (International): 118 505
R-Gespräch (Kosten zahlt der Empfänger): 0800+ die Tasten, die REVERSE buchstabieren (0800 + 7383773)
z. B. Telediscount: www.telediscount.co.uk
z. B. Justphone: www.justcallthrough.co.uk

In Irland z. B. Swiftcall: www.swiftcall.ie

REDEWENDUNGEN – PHRASES

Can I make a call to Germany?
Darf ich nach Deutschland telefonieren?

Could I use the phone, please?
Darf ich das Telefon benutzen?

I'll send you a text.
Ich schicke dir eine SMS.

Please key in the number you wish to dial and finish by pressing the hash button.
Bitte geben Sie die erwünschte Rufnummer ein und drücken Sie dann die Rautetaste.

I'll give you a bell later.*
Ich rufe dich später an.

WÖRTER – WORDS

mobile phone	Handy
text / text message	SMS
connection	Verbindung
hash button [hæʃ ˈbʌtᵊn] / hash key	Rautetaste
credit	Guthaben
landline	Festnetz

!

Was es dich kostet, dein Handy im Ausland zu benutzen und ob du besondere Einstellungen ändern musst, klärst du am besten vor deiner Abreise beim jeweiligen Anbieter.

BBC & CO.

Es gibt fünf öffentliche Sender (channels) in Großbritannien: zwei ohne Werbung, nämlich BBC 1 und BBC 2 und drei mit Werbung (ITV 1, Channel 4 und Channel 5). Alle bieten ein bunt gemischtes Programm an. Die beliebtesten Sendungen (programmes) sind oft soaps (Seifenopern), vor allem Eastenders (BBC 1, 19.30 Uhr) und Coronation Street (ITV, 19.30 Uhr). Viele Sendungen wirst du gleich erkennen: ‚DSDS' heißt Pop Idol und ‚Let's Dance' heißt Strictly Come Dancing. Dazu gibt es die üblichen Handwerkersendungen (DIY [diːaɪˈwaɪ] shows) und Reality Shows.

In Irland kommen noch die Sender RTÉ1 und RTÉ2 hinzu, sowie der neue, fast ganz irischsprachige Sender TG4. Zu den beliebtesten Sendungen in Irland zählen satirische Unterhaltungsprogramme wie The Café, Naked Camera, oder auch Podge and Rodge – zwei Puppen, die mit ihrem sonderbaren Humor eine eigene Talkshow moderieren.

FREEVIEW / KABEL UND SATELLIT

Deine Gastfamilie hat wahrscheinlich entweder einen digitalen Receiver (z. B. Freeview), Satellitenfernsehen (z. B. BSkyB) oder Kabelfernsehen, damit sie viele zusätzliche Programme empfangen kann.

!

Die Briten verbringen viel Zeit vor der Flimmerkiste (box). Fernsehen kann dir aber helfen, dein englisches Hörverständnis zu verbessern. Mach dir keine Sorgen, wenn du nicht jedes Wort verstehst. Ein Tipp: Manchmal hilft es, wenn du die Untertitel dazu liest.

REDEWENDUNGEN – PHRASES

What's on TV?	Was kommt im Fernsehen?
Do you mind if I switch over to ITV?	Macht's dir / euch was aus, wenn ich auf ITV umschalte?
Have you got a TV guide?	Habt ihr eine Fernsehzeitschrift?
Can you record this for me, please?	Kannst du diese Sendung bitte für mich aufnehmen?
What channels can you get?	Welche Programme habt ihr?
I don't understand what's going on.	Ich verstehe nicht, worum es geht.
My favourite film / programme is …	Mein Lieblingsfilm / Meine Lieblingssendung ist …

WÖRTER – WORDS

advert	Werbung / Werbespot	children's tv	Kinderfernsehen
news	Nachrichten	box* / telly*	Flimmerkiste / Glotze
report	Reportage	subtitles	Untertitel
documentary	Dokumentation	remote control [rɪ'məʊt kən'trəʊl]	Fernbedienung
thriller	Krimi	channel surfing	zappen
film	Spielfilm		

RADIO

Neben verschiedenen landesweiten Radioprogrammen (radio stations), z. B. BBC Radio 1 (Charts, Pop), Radio 2 (80er, 90er) usw. strahlt die BBC eine Reihe von Lokalsendern aus. Wie auch in Deutschland gibt es noch eine Menge privater Radiosender, wie z. B. Virgin Radio (Rock), Capital FM (Pop) oder Galaxy 105 (Hip Hop).

ZEITUNGEN UND ZEITSCHRIFTEN

In Großbritannien erscheinen zehn Tageszeitungen und zwölf Sonntagszeitungen, die in ihrem Anspruch sehr unterschiedlich sind. Im Allgemeinen kann man zwischen dem ernsthaften Journalismus, den broadsheets und den so genannten tabloids ['tæblɔɪdz] oder gutter press ['gʌtə pres] unterscheiden. Bei den broadsheets gibt es u. a. die konservative Daily Telegraph und Times, die liberale Independent und die linksliberale Guardian. Auflagenstärker sind aber die tabloids: The Sun (offen antieuropäisch), Mirror (links-orientiert) und Star, Daily Mail und Daily Express (konservativ und offen antieuropäisch), die sich dem neuesten Promiklatsch und den Gerüchten um die königliche Familie sowie dem einen oder anderen ‚Busenwunder' widmen.

In Großbritannien gibt es eine lange Tradition von guten Musikzeitschriften. Heutzutage sind die bekanntesten u. a. NME (Rock/Alternativ), Q (Rock / Pop) und HHC (HipHop). Jugendzeitschriften gibt's auch jede Menge (z. B. CosmoGirl!, Bliss oder Sugar).

Die zwei anspruchsvollen irischen Tageszeitungen heißen The Irish Times und The Irish Independent. Den Independent kannst du umsonst im Internet lesen: www.independent.ie.

Wer weggehen möchte und etwa nach Konzerten oder Kinotipps sucht, braucht die Abendzeitung The Evening Herald.

REDEWENDUNGEN – PHRASES

Can I listen to the radio, please?	Darf ich Radio hören?
Do you know where I can buy a German newspaper?	Wisst ihr, wo ich eine deutsche Zeitung kaufen kann?
Can I have the sports section, please?	Kann ich bitte den Sportteil haben?

WÖRTER – WORDS

article	Artikel
magazine	Zeitschrift
headline	Schlagzeile
page 3	Seite 3 (Auf der 3. Seite der ‚Sun' gibt's immer ein ‚oben ohne' (topless) Bild.)

!

Falls du am 1. April (April Fool's Day) in Großbritannien sein solltest, schau dir auf jeden Fall mal eine Tageszeitung genauer an. Kaum eine Zeitung kann es sich verkneifen, in einer Werbeanzeige oder einem Artikel die Öffentlichkeit mal so richtig zu verschaukeln.

1. Wortgitter

Finde zehn Begriffe, die mit der Post zu tun haben. Die Wörter sind auch diagonal und sogar rückwärts im Wortgitter versteckt.

B	K	R	J	E	P	O	L	E	V	N	E
P	H	Y	T	N	T	N	E	G	R	U	K
O	J	Y	R	E	V	I	L	E	D	M	S
S	H	V	R	Y	O	F	F	I	C	E	A
T	M	C	E	H	N	T	O	D	Y	O	E
C	O	L	L	E	C	T	I	O	N	S	S
O	C	L	M	V	C	K	I	G	S	K	R
D	M	O	E	J	S	G	P	A	A	O	E
E	J	L	M	C	B	N	L	P	S	J	V
A	D	J	T	A	R	C	F	R	F	M	O
H	R	T	E	L	I	A	X	K	Y	B	F
W	J	C	P	T	U	L	P	O	G	Y	K

2. Telephoning

Wie telefoniert man von einer Telefonzelle aus? Nummeriere diese Vorgänge von 1 – 6.

☐ a. Put down the phone

☐ b. Hear the dialling tone

☐ c. Insert your card

☐ d. Pick up the phone

☐ e. Remove your card

☐ f. Dial a number

3. Finde das heraus …

Auf welchen Sendern (BBC 1, ITV 1 oder Channel 4) kommen die folgenden Sendungen? Frage deine Gastfamilie oder schaue in die Fernsehzeitung (tv guide).

		BBC 1	ITV 1	Channel 4
a.	Eastenders			
b.	Hollyoaks			
c.	Grand Designs			
d.	Emmerdale			
e.	Match of the Day			
f.	Casualty			
g.	Deal or no Deal			
h.	Dancing on Ice			
i.	Heartbeat			
j.	Panorama			
k.	Who wants to be a Millionaire?			
l.	Celebrity Big Brother			
m.	Just the two of us			
n.	The X Factor			
o.	10 Years Younger			

Lösungen:
1. class, collection, delivery, envelope, mail, office, overseas, parcel, postcode, urgent
2. d, c, b, f, a, e
3. BBC 1: a., e., f., j., m.; ITV 1: d., h., i., k., n.; Channel 4: b., c., g., l., o.

KNEIPEN

In Kneipen darfst du nur, wenn du mindestens 18 Jahre alt bist oder ab 16, wenn du von einem Erwachsenen begleitet wirst. Viele größere Kneipen haben Türsteher (bouncers ['baʊnsəz]), die dich nach deinem Ausweis (ID ['aɪdiː]) fragen werden. Obwohl es in vielen Kneipen nicht unbedingt eine Kleiderordnung (dress code) gibt, solltest du wissen, dass viele Briten und Iren sich gerne fein machen, auch für einen Kneipenbesuch. Generell wird sehr schnell sehr viel getrunken. Obwohl die Öffnungszeiten für Kneipen gelockert wurden, bleiben die meisten Kneipen nur bis 24 Uhr auf. In Kneipen musst du die Getränke an der Theke bestellen, bezahlen und mitnehmen. Das Barpersonal (barmen und barmaids) erwartet kein Trinkgeld. Seit der Einführung des Rauchverbots in Großbritannien und Irland darf nur noch draußen geraucht werden.

DISKOS

In der Regel musst du 18 Jahre alt sein, um einen club (Achtung: auf Englisch sagt man disco nur zu Schuldiskos oder Kinderdiskos) zu betreten. Es ist ein teuerer Spaß mit Eintrittspreisen von ca. £8 und noch dazu mit Getränken, die teurer sind als in den Kneipen. Ein paar Tipps: Vor 22 Uhr kommst du meistens umsonst rein, Mädchen kommen bei den Ladies Nights umsonst oder zum halben Preis herein. Achte auch auf die Happy Hour-Zeiten. Meistens geht man direkt von den Kneipen in die clubs – es gibt lange Warteschlangen und die Türsteher lassen nicht jeden rein, schon gar nicht wenn man Sportschuhe (trainers) oder Kapuzenpullis (hoodies [hʊdiz]) trägt. Deine Sachen lässt du am besten in der Garderobe (cloakroom – kostet ca. £1). Es werden meistens keine Flaschengetränke oder Getränke in Gläsern verkauft, da es in der Vergangenheit zu Verletzungen bei Schlägereien (fights) kam. Alcopops sind auch sehr beliebt und kosten zwischen £3/4. Auch in Clubs heißt es oft ‚Rauchen verboten' (No smoking). Die Diskos machen gegen 2 Uhr dicht – dann ist der mittlerweile fast traditionelle kebab (Kebap) angesagt.

!

Bier kauft man als pint (ca. 0,5 l) oder half (ca. 0,25 l). Du hast dann die Wahl zwischen lager (wie Pils/Export), bitter oder ale (wie Alt), stout [staʊt] (z. B. Guinness), cider ['saɪdə] (Apfelwein) oder lager shandy (Radler).

ESSEN GEHEN

In deinem Gastland kann man gut und günstig essen gehen – man muss nur wissen wo. Am besten fragst du deine Gastfamilie oder schaust nach den Sonderaktionen, die es immer wieder bei z. B. Pizza Hut, Harvester oder Beefeater-Restaurants gibt. In manchen indischen Restaurants heißt es 'a pint and a curry for £4' (0,5 l Bier und ein Curry-Gericht für £4). Die 'All you can eat' (iss so viel du kannst) Angebote sind natürlich auch immer sehr beliebt …

!

Übrigens, wenn man die Aufmerksamkeit der Bedienung auf sich lenken möchte, dann reicht ein Excuse me! Winken oder Hello! rufen kommt sehr schlecht an.

REDEWENDUNGEN – PHRASES

Have you got any ID?	Kannst du dich ausweisen?
Two pints of lager / lemonade, please. (normalerweise nennt man statt „lager" die Biermarke)	Zwei Bier / große Limos bitte.
Can we have the bill, please?	Können wir bitte bezahlen?

WÖRTER – WORDS

last orders	letzte Runde	locals	Stammgäste
booze* [bu:z]	Alkohol	tip	Trinkgeld
tipsy / drunk / pissed*	betrunken	menu	Speisekarte
landlord / landlady	Wirt / Wirtin	three course meal	Drei-Gänge-Menü

ZÜGE

Britische Bahnstrecken werden von verschiedenen Firmen betrieben. National Rail ist der kollektive Name dieser Firmen. National Rail leidet unter einem sehr schlechten Ruf: Züge kommen oft verspätet an oder werden abgesagt. Das Bahnnetz ist allerdings relativ gut ausgebaut und kann, wenn du deine Reise im Voraus planst, sehr günstig sein. Die Fahrpreise variieren natürlich stark, abhängig vom Ziel und davon wie weit im Voraus du die Karte kaufst. Es gibt Tageskarten (cheap day single / return), Sparkarten (saver single / return), ja sogar Supersparkarten (super saver single / return). Mehr zu Sonderangeboten und Spezialtarifen findest du unter: www.nationalrail.co.uk.

REISEBUSSE

Für diejenigen, die mehr Zeit haben, sind die britischen Reisebusse (coaches) eine günstige, wenn auch nicht so bequeme, Alternative zur Bahn. Die Fahrt mit dem Reisebus von Birmingham nach London dauert z. B. ca. 3 Stunden, eine Rückfahrkarte für einen 14-jährigen Schüler kostet dafür nur ca. £10. Die Reisebusse verkehren zwischen allen größeren Städten und sind vor allem bei Studenten und jungen Leuten beliebt. Alle Reisebusse haben ein WC und auf den meisten Strecken gibt's kleine Snacks und Getränke zu kaufen. Bekannte Reisebusfirmen sind u. a. National Express (www.nationalexpress.co.uk) und Stagecoach (www.stagecoachbus.com).

STADTBUSSE

Fast alle Busse (bus) in London sind Doppeldecker, und die meisten sind rot. Nur die alten Routemaster, die ursprünglichen roten Doppeldecker, wurden großteils aus dem Betrieb genommen. Generell zahlt man direkt beim Fahrer (die Fahrkarte muss nicht entwertet werden). Achtung: Die meisten Fahrer geben kein Restgeld – es muss passend bezahlt werden. Sehr viele Londoner benutzen zum Bezahlen die sogenannte Oyster Card. Falls es keine Durchsage zur nächsten Haltestelle gibt, frage den Fahrer oder andere Fahrgäste, wenn du dir nicht sicher bist, wo du aussteigen sollst. Es gibt außerdem häufig nur eine Tür: Man steigt vorne ein und aus. Und beim Aussteigen bedankt man sich beim Fahrer.

ÖFFENTLICHE VERKEHRSMITTEL IN IRLAND

Die Bahn wird in Irland von der Firma Irish Rail (auch Iarnród Éireann genannt) betrieben. Bedenke, dass das Streckennetz auf Dublin ausgerichtet ist – die Zugfahrt von Kilkenny nach Cork kann schon mal über Dublin führen! Informationen zu Strecken und Preisen findest du unter http://www.irishrail.ie.

Die Routen der Reisebusse sind flexibler – und sie sind oft auch günstiger. Die nationale Busfirma heißt Bus Éireann, es gibt auch viele privaten Reisebusfirmen. Mehr dazu unter http://www.buseireann.ie.

REDEWENDUNGEN – PHRASES

Tickets please!	Die Fahrkarten bitte!
A single / return to Manchester, please.	Eine Einzel- / Rückfahrkarte nach Manchester bitte.
When does the next train to Bristol leave?	Wann fährt der nächste Zug nach Bristol?
Do I have to change?	Muss ich umsteigen?
Can you tell me when we get to …?	Können Sie mir an der Haltestelle … Bescheid sagen?

WÖRTER – WORDS

conductor / ticket collector	Schaffner	fare [feə]	Fahrpreis
travel information	Reiseauskunft	timetable	Fahrplan
return ticket	Rückfahrkarte	platform	Bahn- / Bussteig
single ticket	Hinfahrkarte	fare dodger [feə 'dɒdʒər]	Schwarzfahrer

!

Ein Stadtbus hält nicht an jeder Haltestelle. Vor allem nicht, wenn es sich um einen request stop (Wunschhaltestelle) handelt. Da musst du dann im Bus den Halteknopf drücken, bzw. an der Haltestelle den Arm rausstrecken, um zu zeigen, dass du mitfahren willst.

DIE LONDONER U-BAHN

Die Londoner U-Bahn (Underground oder Tube [tʃuːb]) fährt täglich bis zu 20 Stunden und ist die einfachste Methode, bis Mitternacht in der Hauptstadt herumzufahren. Fahrkarten gibt's an Automaten oder am Schalter (ticket office) zu kaufen – sie öffnen dann die Sperren in den U-Bahn-Stationen.

Faltpläne für das gesamte U-Bahn-Netz bekommst du umsonst an den Fahrkartenschaltern aller Bahnhöfe. U-Bahn-Linien sind nach der Himmelsrichtung gekennzeichnet, in die sie fahren: northbound (nach Norden), southbound (nach Süden), eastbound (nach Osten), westbound (nach Westen).

Einfache und Rückfahrkarten sind relativ teuer. Es lohnt sich, nach den Preisen der verschiedenen (Mehr-) Tageskarten (travelcards) zu schauen. Die gibt's für einen, drei oder sieben Tage. Eine tolle Sache ist auch die Oyster Card, bzw. die under-16 Oyster ['ɔɪstə] Card, ein wieder aufladbarer pay as you go-Fahrausweis, mit dem du überall viel billiger fahren kannst. Jugendliche unter 16 Jahre z. B. zahlen für eine einfache Fahrt mit der Oyster Card nur ca. 50p. Die Oyster Card hat noch den Vorteil, dass du sie nicht in die Sperren am Ein- bzw. Ausgang stecken musst, sondern nur über das Sensorfeld auf dem Automaten hältst (du musst die Karte nicht einmal aus dem Geldbeutel nehmen).

Was du sonst noch über die U-Bahn wissen sollst: Das Rauchen ist überall (streng!) verboten. Schwarzfahren kann man nicht, da die Sperren ohne gültige Fahrkarte gar nicht aufgehen, auch wenn man zu weit gefahren ist (außerdem gibt es eine saftige Strafe). Und Vorsicht: Die Tube ist ein beliebter Aufenthaltsort von Taschendieben (pickpockets). An einigen Stationen betreiben Fahrkarten-Schwarzhändler, so genannte ticket touts [taʊts], ihr Geschäft. Das sind Kriminelle, die es nur auf unwissende Touristen abgesehen haben. Und dann solltest du wissen, dass du auf der Rolltreppe immer rechts stehen sollst und links gehen. Vor allem zu den Hauptverkehrszeiten (rush hour) könntest du einige Leute sonst so richtig nerven …

REDEWENDUNGEN – PHRASES

Which line do I take for Trafalgar Square?
Welche Linie muss ich zum Trafalgar Square nehmen?

Excuse me, can you help me with the ticket machine?
Entschuldigung, können Sie mir mit dem Automaten helfen?

What's the nearest tube station to Tate Modern?
Welche U-Bahn-Station ist Tate Modern am nächsten?

Mind the gap! (*Durchsage beim Einsteigen*)
Vorsicht Lücke! (wörtlich: Denken Sie an die Lücke.)
Gemeint ist die Lücke zwischen Bahnsteig und Zug.

WÖRTER – WORDS

escalator ['eskəleɪtə]	Rolltreppe
to board / get on	einsteigen
to alight [ə'laɪt] / get off	austeigen
to change	umsteigen
staff [stɑːf]	Mitarbeiter / Personal

1. Wortgitter

Finde zehn Begriffe, die mit dem öffentlichen Nahverkehr zu tun haben. Die Wörter sind auch diagonal und sogar rückwärts im Wortgitter versteckt.

U	E	N	F	T	R	F	G	A	T	E	N
E	R	R	F	C	R	N	E	U	R	N	L
R	N	B	O	R	E	C	T	T	D	R	L
A	P	A	O	U	T	G	C	G	P	T	P
A	C	L	S	A	U	S	N	O	E	G	R
H	U	I	A	I	R	D	F	A	R	E	C
M	G	G	A	T	N	D	F	T	H	L	A
H	D	H	A	G	F	G	A	E	A	C	I
D	T	T	N	N	N	O	L	G	D	O	D
P	D	N	U	O	R	G	R	E	D	N	U
R	L	H	R	P	A	I	E	M	A	I	H
T	A	F	G	P	A	G	N	A	H	O	M

2. Was sagst du ...

1. Wenn du eine große Limo bestellen möchtest?

2. Wenn du deine Jeansjacke an der Garderobe abholen möchtest?

3. Wenn du die Rechnung haben möchtest?

4. Wenn du wissen willst, ob es Ladies Night ist?

5. Wenn du dem Mädchen / Jungen an der Theke ein bisschen näher kommen möchtest?

3. Finde heraus...

... an welchen U-Bahn-Haltestellen du aussteigen musst, wenn du folgende Londoner Sehenswürdigkeiten besuchen möchtest. Frage deine Gastfamilie oder schaue ins Internet (z. B. auf www.tfl.gov.uk/tube)

1. Madame Tussaud's (Wachsfigurenkabinett)

____

2. Kensington Palace (ehemaliger Wohnsitz von Prinzessin Diana)

____

3. Shakespeare's Globe Theatre

____

4. 10 Downing St. (Residenz vom Premierminister)

____

Lösungen:

1. alight, board, change, coach, fare, gap, platform, return, single, underground
2. 1. A pint of lemonade, please. 2. Can I have my jacket, please? It's a denim one. 3. Can I have the bill please? 4. Is it Ladies Night tonight? 5. z. B. Can I buy you a drink?
3. 1. Baker St.; 2. High St. Kensington oder Notting Hill Gate; 3. Mansion House oder London Bridge; 4. Westminster

WÄHRUNG

Die offizielle Währung in Großbritannien ist British Pound Sterling (GBP). 100 pence (p [piː]) sind ein pound (£). 1p, 2p, 5p, 10p, 20p, 50p, £1 und £2 sind die Münzen (coins / change). Es gibt £5, £10, £20 und £50 Scheine (notes). Ein Pfund entspricht in etwa €1,25. Also einfach etwa ein Viertel vom Preis dazu rechnen, und du hast den ungefähren Europreis. Eine Umrechnungstabelle findest du im Anhang.

In Irland bezahlt man mit dem Euro. Bei deiner Planung solltest du damit rechnen, dass die Lebenshaltungskosten in Irland teurer sind, als du es von zu Hause gewohnt bist, vor allem in Dublin.

BANKEN UND GELD WECHSELN

Die bekanntesten Banken sind Lloyds TSB, Barclays, NatWest, Royal Bank of Scotland (RBS) und HSBC. Die meisten Filialen haben täglich von 09.30 bis 16.30 Uhr geöffnet. Mit einer EC-Karte kannst du rund um die Uhr an den vielen Geldautomaten (cashpoints / cash machines / ATMs) Geld abheben. Wie viel du für deine Euros in einer Bank oder Wechselstube (bureau de change) bekommst, hängt vom Wechselkurs und von den Wechselgebühren (commission [kəˈmɪʃᵊn]) ab. Diese können stark variieren und ein Vergleich lohnt sich. Bei der Post oder in einer der vielen Marks and Spencer-Filialen wird meist keine Wechselgebühr verlangt (commission free).

! Sei am Geldautomaten besonders aufmerksam und wedele nicht mit den Scheinen herum – die werden dir sonst schnell mal aus der Hand gerissen. Gelegenheit macht Diebe!

REISESCHECKS (TRAVELLER'S CHEQUES)

Reiseschecks sind eine praktische und sichere Alternative zu Bargeld. Das Beste daran: Gestohlene oder verlorene Schecks werden vom Aussteller innerhalb von 24 Stunden ersetzt. Die Schecks können in Banken, Wechselstuben, Reisebüros und Hotels (Vorsicht: teuer!) in Pfund gewechselt werden. Hier ein toller Tipp: Wer Reiseschecks von einem Reiseveranstalter hat, kann sie auch in jedem Reisebüro des Veranstalters kostenlos einlösen.

REDEWENDUNGEN – PHRASES

Can I pay for this in euros?	Kann ich das mit Euro bezahlen?
Could you change £20, please?	Könnten Sie bitte £20 klein machen?
I'd like to change these euros, please.	Ich würde gerne Euro wechseln.
What's the exchange rate today?	Wie ist heute der Wechselkurs?
What commission do I have to pay?	Wie hoch ist die Wechselgebühr?
I'd like to cash these traveller's cheques, please.	Ich möchte bitte diese Reiseschecks einlösen.
How would you like the money?	Wie hättest du gerne das Geld?
In small notes, please.	In kleinen Scheinen bitte.

WÖRTER – WORDS

cash	Bargeld
to get money out	Geld abheben
travel agent	Reisebüro
24/7	rund um die Uhr (24 Stunden täglich an 7 Tagen der Woche)

UMGANGSSPRACHE – SLANG WORDS

Fiver/Tenner	£5.00/£10.00
Cash*/dough* [dəʊ]/lolly* ['lɒli]/wonga*	Geld
Quid*	Pfund

!

Change kann sowohl *Kleingeld* als auch *Wechselgeld* bedeuten.

!

Obwohl Großbritannien an der europäischen Währungsunion nicht teilnimmt, wird der Euro (vor allem in London und Nordirland) in manchen Geschäften, Restaurants und sogar in einigen Telefonzellen akzeptiert.

ÖFFNUNGSZEITEN

Supermärkte sind montags bis freitags von 08.00 oft bis 22.00 Uhr, sonntags von 10.00 – 16.00 Uhr geöffnet. Größere Supermärkte haben manchmal sogar 24 Stunden auf. Kaufhäuser sind bis 18.00 Uhr geöffnet. Alle anderen Geschäfte haben montags bis samstags von 09.00 – 17.30 Uhr (oder etwas länger) geöffnet und sonntags von 10.00 – 16.00 Uhr. Kleinere Läden bleiben am Sonntag und an Feiertagen oft zu.

WO KAUFE ICH WAS?

Supermärkte: Sie sind in der Regel riesig und verkaufen nicht nur Lebensmittel (groceries), sondern auch Drogerieartikel (toiletries ['tɔɪlətriz]), Kleidung (clothing) und Medikamente (medication). Einige bekannte Supermarktketten sind u. a. Tesco, Asda, Co-op, Sainsbury oder Morrisons.

Kleidung: Die bekanntesten Klamottenläden sind u. a. Next, Gap, Zara, H&M, River Island, Topshop, New Look, Marks and Spencer, Miss Selfridge und Dorothy Perkins.

Kaufhäuser (department stores): Die gibt's in jeder Einkaufsstraße (high street) und heißen z. B. Debenhams, John Lewis oder House of Fraser.

Drogerien (chemists): Die bekanntesten heißen z. B. Boots oder Superdrug.

Buchläden: Bücher kauft man u. a. bei Books etc., Waterstones, Borders, Blackwells oder WH Smith.

Modeschmuck: Mode- und Haarschmuck gibt's u. a. bei Accessorize oder Claire's Accessories.

Multimedia: CDs, DVDs und Spiele findest du z. B. bei HMV, Virgin, FOPP, WH Smith oder Gamestation.

Zeitschriften und Schreibwaren findest du in jedem Supermarkt oder bei den newsagents. Comics gibt's in Buchläden oder speziellen Comicshops, wie z. B. Forbidden Planet.

!

Die meisten o. g. Läden sind Teile einer Kette und deshalb in fast jeder Stadt zu finden.

REDEWENDUNGEN – PHRASES

How much is this reduced by?	Um wie viel ist dieser Artikel reduziert?
Is this in the sale / on special offer?	Ist das im Angebot?
Where's the perfume section, please?	Wo finde ich die Parfümabteilung bitte?
How much do you want for this?	Was hätten Sie gerne dafür?
I'll give you £5 for it.	Ich gebe Ihnen £5 dafür.
It's a deal.	Gebongt.

!

Günstige und Retro-Klamotten sowie Bücher und Schmuck findest du überall in charity ['tʃærɪti] shops (von Wohltätigskeitsorganisationen geführten Second-Hand-Läden, z. B. Oxfam oder Sue Ryder), auf Straßenmärkten (street markets), oder auf Flohmärkten (flea markets oder car boot sales).

WÖRTER – WORDS

store / shop	Geschäft	sale	Schlussverkauf / Sonderangebot
chain	Kette	haggle	feilschen
retail ['riːteɪl]	Einzelhandel	cheap	billig
retail therapy	Frustshoppen	reasonable ['riːzənəbl]	günstig (bedeutet aber auch „vernünftig")
own brand	eigene Marke	bargain ['bɑːgɪn]	Schnäppchen
corner shop	Tante-Emma-Laden	car boot sale	Flohmarkt, auf dem Sachen aus dem Kofferraum verkauft werden.
shopping centre	Einkaufszentrum		

PREISE

Preise variieren natürlich immer, aber die folgende Liste soll dir helfen, dich zu orientieren. Die Euro-Preise beziehen sich auf Irland. (Stand Aug. 2012):

Cola (2 Liter):	ca. £2.00 (€2.30)
Schachtel Zigaretten:	ca. £6.00 (€9.20)
Bier (Sixpack):	ca. £6.80 (€8.00)
Taschentücher (6 Pckg.):	ca. £1.40 (€2.00)
Tampons (12 St.):	ca. £1.50 (€5.00)
Deoroller:	ca. £2.20 (€2.90)
Shampoo:	ca. £6.00 (€3.00)
Musik-CD:	ca. £13.00 (€12.00)
DVD:	ca. £14.00 (€10.00)
Taschenbuch:	ca. £8.00 (€13.00)
Zeitung:	ca. £1.00 (€2.10)
Schokoriegel:	ca. 35p (€0.60)

SPECIAL OFFERS

Es lohnt sich auf jeden Fall, auf die vielen Angebote (special offers) in den Geschäften zu achten. Vor allem in Drogerien liest man häufig solche Schilder: 'Buy 2 get 1 free' oder '3 for 2' (beim Kauf von zwei Produkten bekommst du das dritte Produkt gratis).

!

Für alle Mädchen, hier ein Mini-Wörterbuch in Sachen Schminke (make-up): Lippenstift = lipstick, Makeup = foundation [ˌfaʊn'deɪʃən], Rouge = blusher, Kajal = eyeliner, Lidschatten = eye shadow, Mascara = mascara, Nagellack = nail varnish ['neɪl 'vɑːnɪʃ].

REDEWENDUNGEN – PHRASES

Do you have this in size 10?	Haben Sie das in Größe 38?
It doesn't fit / suit me.	Es passt / steht mir nicht.
Could you gift wrap this for me, please?	Können Sie dies bitte als Geschenk einpacken?
I'd like to bring this back. / I'd like to exchange this.	Ich möchte dies zurückbringen / umtauschen.
Can I have my money back, please?	Kann ich mein Geld zurückhaben bitte?

WÖRTER – WORDS

save	sparen	faulty	defekt / fehlerhaft
reduced	reduziert	receipt [rɪ'si:t]	Kassenbon
sale	Schlussverkauf	gift	Geschenk
voucher ['vaʊtʃə]	Rabattmarke / Gutschein	stain [steɪn]	Fleck
VAT	Mehrwertsteuer	changing rooms / fitting rooms	Umkleidekabinen

!

In Großbritannien und Irland gibt's andere Kleider- und Schuhgrößen. Eine Umrechnungstabelle findest du im Anhang.

1. Shop till you drop!

Dieses Kreuzworträtsel hat mit Geld und Einkaufen zu tun.

Horizontal – Across

1. Lebensmittel
6. Keine Münze, sondern ein …
8. Vorsicht beim Geldwechseln! Das kann teuer werden.
9. Sparen, sparen, sparen!
11. Shampoo, Deo und Co. sind …
13. Anderes Wort für ‚billig'.
14. Bares!
15. Wohltätigkeitsorganisation

Vertikal – Down

2. Das Gegenteil von 'wholesale' (Großhandel).
3. Ohne … kannst du nichts umtauschen.
4. Pfund (Umgangssprache)
5. Hiermit bekommst du was billiger.
7. Aspirin, Paracetemol usw. heißen …
10. Hier bekommst du Medikamente.
12. Damit kommt Farbe ins Gesicht.

2. Was sagst du ...

1. ... wenn du etwas umtauschen willst? ______________________
2. ... wenn du Geld wechseln möchtest? ______________________
3. ... wenn du einen Geldautomat suchst? ______________________
4. ... wenn du bestimmte Schuhe in der Größe 44 suchst? ______________________
5. ... wenn die Verkäuferin das Geschenk einpacken sollte? ______________________

3. Finde das heraus ...

Was verkaufen diese Geschäfte? Frage deine Gastfamilie oder suche die Einkaufspassagen durch!

1. Thomas Cook: ______________	2. Currys: ______________
3. MFI: ______________	4. B&Q: ______________
5. H. Samuel: ______________	6. Clarks: ______________
7. Monsoon: ______________	8. Argos: ______________

Lösungen:

1. Across: 1. groceries; 6. note; 8. commission; 9. save; 11. toiletries; 13. reasonable; 14. cash; 15. charity
Down: 2. retail; 3. receipt; 4. quid; 5. voucher; 7. medication; 10. chemists; 12. blusher

2. Mögliche Antworten sind: 1. Excuse me, I'd like to exchange this. 2. Can I change some euros, please?
3. Excuse me, do you know where there's a cashpoint? 4. Have you got these in size 10, please? 5. Could you gift-wrap it for me, please?

3. 1. Thomas Cook – Urlaub;2. Currys – Elektrogeräte; 3. MFI – Möbel; 4. B&Q – Heimwerkerbedarf; 5. H. Samuel – Schmuck; 6. Clarks – Schuhe;
7. Monsoon – Kleider; 8. Argos – fast alles außer Klamotten und Lebensmittel

999 – DER NOTRUF

In Großbritannien gibt es nur eine Notrufnummer (emergency number) für Polizei (police), Krankenwagen (ambulance) und Feuerwehr (fire): 999. Die Nummer kannst du von jedem Telefon, auch von jeder Telefonzelle aus, kostenlos anrufen. Du wirst zuerst gefragt, welchen Notdienst (emergency service) du benötigst. Dann musst du deinen Namen, Standort und Infos zu dem Vorfall durchgeben. In dringenden Fällen kannst du natürlich jederzeit die Notaufnahme im Krankenhaus (hospital) aufsuchen – sie heißt auf Englisch A&E (Accident and Emergency).

In Irland gelten die beiden Notrufnummern 999 und 112.

POLIZEI

Dein Geldbeutel ist gestohlen worden? Verbrechen jeder Art kann man in Großbritannien unter einer landesweiten Rufnummer der Polizei melden: 0845 8505505.

AUSWEIS WEG?

In diesem Falle solltest du so schnell wie möglich die deutsche Botschaft informieren, sie stellen dir dann vor Ort vorläufige Papiere aus. Es kann einige Tage dauern, bis ein Ersatzausweis ausgestellt wird. Infos unter 0870 510 0420 (Pass- und Visastelle) oder www.london.diplo.de (in Irland 087 2211382 oder www.dublin.diplo.de). Keine Sorge – dort wird Deutsch gesprochen!

Falls du aus der Schweiz oder Österreich kommst, findest du Angaben zu deiner Botschaft im Anhang.

REDEWENDUNGEN – PHRASES

What service do you require?
Welchen Notdienst benötigen Sie / benötigst du?

There's been an accident / assault [ə'sɔ:lt].
Es ist ein Unfall passiert. / Es gab einen Überfall.

There's a fire at 55 Newmarket Road / Sainsbury's in Kingston Street.
Es brennt in der Newmarket Road 55 / beim Sainsbury's in der Kingston Street.

She's bleeding / not breathing.
Sie blutet / atmet nicht.

I'd like to report a crime.
Ich möchte ein Verbrechen melden.

My wallet / purse [pɜ:s] has been stolen.
Mein Portemonnaie ist gestohlen worden.

!

Man gibt zuerst die Hausnummer oder das Gebäude an und dann erst den Straßennamen.

WÖRTER – WORDS

injured ['ɪndʒəd] / hurt	verletzt
(un)conscious [ʌn'kɒnʃəs]	bewusstlos / bei Bewusstsein
first aid	Erste Hilfe
police station	Polizeiwache

WAS DARF MAN, UND WAS NICHT?

Erst mit 18 darf man in Großbritannien und Irland Alkohol kaufen und trinken. Mit 16 darfst du zwar in eine Kneipe (pub) reingehen, aber nur in Begleitung eines Erwachsenen und auch mit Begleitung bekommst du keinen Alkohol. Zigaretten kaufen darfst du ab 18, rauchen ab 16. Drogen (auch Cannabis) sind illegal und Missbrauch wird hart bestraft. Sexuelle Kontakte aller Art mit Menschen unter 16 sind illegal. Waffen (dazu gehören auch Klappmesser) und Abwehrmittel, wie z. B. Pfefferspray, sind ebenfalls verboten.

BOBBIES

Polizisten in Großbritannien tragen eine blaue Uniform, was ihnen ihren Spitznamen 'boys in blue' (Jungs in blau) verleiht. Sie sind meistens nett, hilfreich und unbewaffnet – sie tragen lediglich einen Schlagstock (baton ['bætən]). Übrigens, du solltest dich ihnen gegenüber *nicht* frech verhalten – da verstehen sie keinen Spaß.

Die irischen Polizisten, auch unbewaffnet, heißen Gardaí oder Garda Síochána – Hüter des Friedens.

DEINE SICHERHEIT

Sei einfach vernünftig: Pass gut auf dein Handy und deinen Geldbeutel auf – es gibt viele pickpockets (Taschendiebe), vor allem in den beliebten Touristenzielen. Falls du Geld von einem Bankautomat abheben musst, sei vorsichtig, dass niemand deine PIN-Nummer mitbekommt (passiert oft). In Kneipen und auf Partys sollten vor allem Frauen darauf achten, dass ihnen niemand etwas (sprich Drogen) in ihre Getränke schütten kann.

Und es klingt vielleicht blöd, aber denke daran, dass du zuerst nach *rechts* schauen musst, wenn du die Straße überquerst!

REDEWENDUNGEN – PHRASES

Can you give me some proof of your age?
Kannst du mir bitte dein Alter nachweisen?

I'm afraid I'm not allowed to serve you.
Tut mir leid – ich darf dich nicht bedienen.

I'm sorry but I've left my ID at home.
Entschuldigen Sie, ich habe meinen Ausweis zu Hause vergessen.

!

Denk dran:

You *mustn't* do that. =
Du *darfst* das nicht tun.

You don't *have to* do that. =
Du *musst* das nicht tun.

!

Sicherheitsmaßnahmen für Kinder und Jugendliche spielen eine große Rolle. Deshalb gibt es verschiedene Regeln und Richtlinien, die vieles rund um die Schule, bei Schulausflügen und auch in Gastfamilien betreffen. Dabei geht es darum, Risiken und Gefahrenbereiche einzuschätzen (risk assessment) und möglichst zu minimieren. Und natürlich sind gesundheitliche Belange und der Schutz von Minderjährigen in der Obhut von Erwachsenen (child protection) enorm wichtig.

Du musst natürlich nicht alle Regeln kennen, aber es ist schon gut, wenn du dir dieser Dinge bewusst bist und dich an die Vorgaben und Regeln der Schule und der Gastfamilie hältst.

NHS

Der NHS (National Health Service) ist Großbritanniens Gesundheitsdienst. Er unterhält alle staatlichen Krankenhäuser und Ärzte. Als Bürger eines EU-Landes stehen dir ärztliche Dienste kostenlos zu. Lass dich von den vollen Wartezimmern und veralteten Geräten nicht abschrecken. Es fehlt zwar an Geld, aber die Ärzte selber sind sehr kompetent. Übrigens, der NHS bietet eine Hotline für alle Gesundheitsfragen – sehr nett, sehr kompetent: 0845 4647 oder www.nhsdirect.nhs.uk.

APOTHEKEN

Verschreibungspflichtige und rezeptfreie Medikamente (prescription and non-prescription drugs) sowie kostenlose Ratschläge erhältst du in so genannten chemists oder pharmacies (Apotheken). Und ja, du hast richtig gelesen: Das Wort drugs benutzt man für Medikamente und Drogen! Viele Apotheken in Großbritannien und Irland sehen eher aus wie Drogerien; sie verkaufen oft alles von Schminke bis zu Sandwiches und werden mit einem grünen Kreuz gekennzeichnet. Die bekanntesten heißen Boots und Superdrug und manche sind bis Mitternacht geöffnet. Mittlerweile haben auch viele größere Supermärkte (z. B. Tesco, Sainsbury's und Morrisons) pharmacies, die bis spät geöffnet sind.

Außerdem findet man Schmerzmittel & Co. an ganz normalen Tankstellen (zum Teil rund um die Uhr geöffnet) oder an Kiosken (newsagents). Hier ist aber die Abgabemenge stark beschränkt.

REDEWENDUNGEN – PHRASES

Do you know where I can find a 24-hour chemist/pharmacy?
Wissen Sie, wo ich eine Notapotheke finde?

Do I need a prescription to buy these tablets?
Sind diese Tabletten rezeptpflichtig?

I'm allergic to cats / house dust.
Ich habe eine Katzen-/Hausstauballergie.

Have you got a homeopathic ['həʊmiəʊpæθɪk] remedy for this?
Haben Sie ein homöopathisches Mittel dagegen?

!

Aspirin wird in Großbritannien grundsätzlich nicht an Kinder und Jugendliche verabreicht. Sie bekommen Paracetamol oder Ibuprofen.

WÖRTER – WORDS

prescription	Rezept	stomach-ache ['stʌmək 'eɪk]	Bauchschmerzen
painkiller	Schmerzmittel	ear-ache	Ohrenschmerzen
suppository	Zäpfchen	sore throat [sɔː θrəʊt]	Halsschmerzen
capsule	Kapsel	a bad cold	eine starke Erkältung
(soluble ['sɒljəbl]) tablet	(lösliche) Tablette	flu	Grippe
headache ['hedeɪk]	Kopfschmerzen	constipation [ˌkɒnstɪ'peɪʃᵊn]	Verstopfung
lozenge ['lɒzɪndʒ]	Lutschtablette / Hustenbonbon / Pastille	diarrhoea [daɪə'rɪə]	Durchfall

WHAT SEEMS TO BE THE PROBLEM? WAS FEHLT DIR?

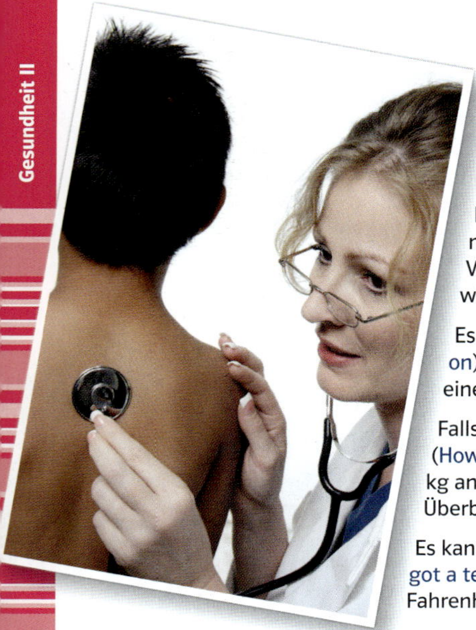

Solltest du besondere gesundheitliche, medizinische oder sonstige Bedürfnisse haben, teil sie unbedingt im Vorfeld schon deinen Betreuern und deiner Gastfamilie mit.

Falls du einen Arzt (doctor) aufsuchen musst, gehst du immer zuerst zu einem GP (general practitioner Allgemeinarzt), der dich dann, wenn nötig, an einen Facharzt (specialist) überweist. Ärzte haben tägliche Praxiszeiten (surgery hours ['sɜːdʒᵊri 'aʊəz]) und man sollte in den meisten Fällen einen Termin (appointment) im Voraus machen. Du meldest dich bei der Rezeption (reception) und wirst dann aufgerufen.

Es kann sein, dass dir der Arzt nach einer Untersuchung (examination) ein Rezept (prescription [prɪ'skrɪpʃᵊn]) ausstellt, das du dann bei einer Apotheke (chemists / pharmacy) einlösen kannst.

Falls du nach deiner Größe (How tall are you?) oder deinem Gewicht (How much do you weigh?) gefragt wirst, kannst du das in cm und kg angeben, auch wenn feet und stone geläufiger sind. Einen kleinen Überblick findest du im Anhang.

Es kann auch sein, dass du gefragt wirst, ob du Fieber hast (Have you got a temperature?) – und auch das wird oft nicht in Celsius, sondern in Fahrenheit angegeben (s. auch Anhang).

Es gibt in Großbritannien keine Praxisgebühr.

REDEWENDUNGEN – PHRASES

I suffer from …	Ich leide an …
I have a pain in my / My … hurts.	Ich habe Schmerzen im … / Mein … tut weh.
I've had … for a few days now.	Ich habe schon seit einigen Tagen …
I feel dizzy ['dɪzi].	Mir ist schwindelig.
I think I've sprained [spreɪnd] my wrist.	Ich glaube, ich habe mir das Handgelenk verstaucht.
I've twisted my ankle.	Ich bin mit dem Fuß umgeknickt.
Could you just remove your top / trousers, please?	Mach dich bitte oben / unten frei.
I just need to take your pulse [pʌls] / blood pressure.	Ich muss deinen Puls / deinen Blutdruck messen.
I need to take blood. / I need a urine sample.	Ich muss Blut abnehmen. / Ich benötige eine Urinprobe.
Are you allergic [ə'lɜːdʒɪk] to anything?	Hast du irgendwelche Allergien?
Have you been treated for this before?	Ist das schon mal behandelt worden?
Are you on any medication / Are you taking any medication / medicine?	Nimmst du zurzeit Medikamente ein?

WENN DU IN IRLAND ZUM ARZT MUSST

Damit du in Irland umsonst zum Arzt oder Zahnarzt gehen kannst, musst du dir vor deiner Reise eine europäische Versicherungskarte (European Health Insurance Card oder EHIC) besorgen. Diese Karte bekommst du umsonst von deiner Krankenkasse in Deutschland.

Der irische Arzt oder Zahnarzt, den du besuchst, muss am Primary Care Reimbursement Service (PCRS) teilnehmen – frage nach einer Liste teilnehmender Ärzte bei der Local Health Office deiner Gastfamilie. An der Rezeption musst du sagen, dass du dir eine Behandlung nach EU-Richtlinie wünscht, also kostenlos. Sonst kostet dich der Besuch bis zu € 60 Euro! Hält der Arzt einen Besuch bei einem Spezialisten für notwendig, soll er veranlassen, dass du als public patient behandelt wirst, als Privatpatient müsstest du die Behandlung selbst bezahlen.

In jedem Fall kann dich deine Local Health Office beraten. Auf dieser Website findest du eine Liste aller irischen Local Health Offices: http://www.ehic.ie

REDEWENDUNGEN – PHRASES

I am a student from an EU country and I have a European Health Insurance Card.
Ich bin Schüler aus einem EU-Land und habe eine europäische Versicherungskarte.

I would like to be treated according to the EU regulations, please.
Ich möchte bitte nach den EU-Richtlinien behandelt werden.

GP, dentist, and specialist visits are free for EHIC-holders.
Die Behandlung beim Allgemein-, Zahn- und Facharzt ist umsonst, wenn man eine europäische Versicherungskarte hat.

Could you please phone the Local Health Office to clarify that for me?
Könnten Sie bitte bei der Local Health Office für mich nachfragen?

1. Der Körper
Trage die englischen Begriffe ein.

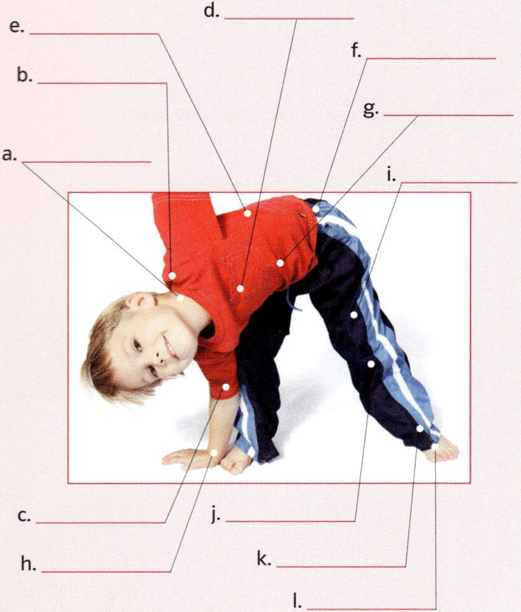

2. Übersetz mal

1. Mein MP3-Spieler wurde gestohlen.

   ____

   ____

2. Du darfst nicht alleine zu Fuß nach Hause gehen.

   ____

   ____

3. Ich hätte gern Kopfschmerztabletten.

   ____

   ____

4. Könnte ich heute Nachmittag einen Termin bekommen?

   ____

   ____

5. Ich habe seit zwei Tagen Bauchschmerzen.

   ____

   ____

3. Finde das heraus . . .

Unten findest du eine Liste wichtiger britischer Telefonnummern. Einige findest du in diesem Buch. Die anderen musst du selber herausfinden. Frage deine Gastfamilie oder schaue in das Telefonbuch.

1. Notruf: ______________________
2. Rufnummer der Polizei: ______________________
3. NHS Direct: ______________________
4. Deutsche Botschaft: ______________________
5. Auskunft (National): ______________________
6. Vorwahl für Deutschland: ______________________
7. Zeitansage (speaking clock): ______________________
8. Vorwahl für Glasgow: ______________________
9. Auskunft National Rail: ______________________
10. Taxinummer in deiner Stadt: ______________________
11. Pizzaservice: ______________________
12. Nummer deiner Gastfamilie: ______________________

Lösungen:

1. a. throat (Hals innerlich) oder neck (Hals äußerlich), b. shoulder; c. elbow; d. chest; e. waist; f. hip; g. stomach; h. wrist; i. thigh; j. knee; k. ankle; l. foot.

2. Mögliche Antworten sind:
1. My MP3 player has been stolen.
2. You mustn't walk home alone.
3. I'd like some headache tablets / painkillers, please.
4. Could I have an appointment this afternoon?
5. I've had a stomach-ache for the past two days.

3. 1. Notruf: 999; 2. Rufnummer der Polizei:0845 8505505; 3. NHS Direct: 0845 4647; 4. Deutsche Botschaft: 0870 510 0420; 5. Auskunft (National): 118 500; 6. Vorwahl für Deutschland: 0049; 7. Speaking Clock: 123; 8. Vorwahl für Glasgow: 0141; 9. Auskunft National Rail: 08457 484950;
10., 11., 12.: für diese Nummern können wir natürlich keine Lösung vorgeben.

€ EURO – £ POUND / £ POUND – € EURO

€0,25	=	ca. 19p	£0.25	=	ca. €0,31
€0,50	=	ca. 39p	£0.50	=	ca. €0,63
€1,00	=	ca. 87p	£1.00	=	ca. €1,26
€2,00	=	ca. £1.57	£2.00	=	ca. €2,53
€5,00	=	ca. £3.93	£5.00	=	ca. €6,34
€10,00	=	ca. £7.87	£10.00	=	ca. €12,69
€20,00	=	ca. £15.74	£20.00	=	ca. €25,39
€50,00	=	ca. £39.37	£50.00	=	ca. €63,49

!

Zur Erinnerung: Ein Pfund ist in etwa 1,25 x 1 Euro. Also einfach ein Viertel des Preises noch mal dazurechnen und du hast den ungefähren Europreis.

Stand: August 2012

!

Punkt und Komma werden in Großbritannien und Irland bei Zahlen und Preisen anders eingesetzt als in Deutschland. Dort werden 1000er mit Komma abgetrennt (72,000) und Preise mit Punkt (£1.50, €2.60).

KLEIDERGRÖSSEN

Männergrößen werden meist in S, M, L angegeben.
Bei Frauengrößen gilt:

Deutschland	34	36	38	40	42	44
GB / IRL	6	8	10	12	14	16

!

Die meisten Klamotten sind mit den Größen XS, S, M, L und XL ausgezeichnet oder haben die europäischen Entsprechungen auch auf dem Etikett.

SCHUHGRÖSSEN

Damen							
Deutschland	35	36	37	38	39	40	41
GB / IRL	2½	3½	4	5	6	7	7½

Herren							
Deutschland	39	40	41	42	43	44	45
GB / IRL	6	6½	7½	8	9	9½	10½

GRÖSSEN UND GEWICHTE

Offiziell misst man in Großbritannien und Irland wie auch bei uns im metrischen und im dezimalen System, aber die so genannten Imperial Standards werden nach wie vor im Alltag benutzt.

1 inch = 2,54 cm

1 foot (12 inches) = 30,48 cm

1 yard (3 feet) = 91,44 cm (wird z. B. bei Weitsprung und Wegbeschreibungen benutzt)

1 mile (1760 yards) = 1,609 km

Körpergrößen werden immer noch in feet und inches angegeben. Also jemand, der 6 foot 5 (inches) groß ist, ist 198 cm groß. Wie groß bist du? Hier eine Überblickstabelle. Du kannst deine genaue Größe natürlich selbst ausrechnen.

1,55 m	5'1" (five foot one)
1,60 m	5'3"
1,65 m	5'4"
1,70 m	5'6"
1,75 m	5'8"

Gewicht wird zwar auch offiziell in Kilogramm und Gramm angegeben, aber auch hier werden dir immer wieder ounces und pounds begegnen. Vorsicht: ein englisches pound ist etwas weniger als ein deutsches Pfund.

1 stone = 14 (englische) pounds = 6,35 kg

1 pound = 16 ounces = 453,59 g

1 ounce = 28,35 g

FLÜSSIGKEITEN

Flüssigkeiten (liquids) werden in Großbritannien und Irland inzwischen auch in Litern (litres) angegeben. Einzige Ausnahme bilden gezapfte Getränke und Milch. Die kauft man immer noch in pints.

1 pint entspricht ca. 568 ml (also etwas mehr als einem halben Liter).

In Kneipen und Restaurants bestellt man Getränke als pint, half oder bottle:

Could I have a pint / half / of lemonade, please?
Kann ich bitte eine große / kleine Limonade bekommen?

Could I have a bottle of water, please?
Kann ich bitte eine Flasche Wasser bekommen?

Im Takeaway oder Fastfood Restaurant bestellt man Getränke eher als small / medium / large.

TEMPERATUREN (CELSIUS – FAHRENHEIT)

Die Temperaturen werden in Fahrenheit und Celsius angegeben. Bei den meisten Wettervorhersagen wird netterweise beides gesagt. Falls du Fieber hast, kommt es auf das Thermometer an, mit dem du die Temperatur misst. 0 Grad Celsius entsprechen 32 Grad Fahrenheit (Gefrierpunkt, freezing point). 37 Grad Celsius entsprechen 98,4 Grad Fahrenheit (Körpertemperatur, body temperature). Die Klimaanlage stellt man am besten auf 65 bis 68 Grad Fahrenheit ein, das sind 18 bis 20 Grad Celsius. Hier ist eine Umrechnungstabelle, damit du dich schneller zurecht findest:

°C:	-5	-3	0	5	10	15	20	25	30	37	38	39	40
°F:	23	26	32	41	50	59	68	77	86	98,4	100,4	102,2	104

BANK HOLIDAYS 2013 UND 2014

Hier sind die gesetzlichen Feiertage für 2013 und 2014. Das sind schul- und arbeitsfreie Tage.

Feiertag	Gültig UK/IRL	2013	2014
New Year's Bank Holiday	UK, IRL	1st January	1st January
St. Patrick's Day	IRL, Northern Ireland	17th March	18th March (Ersatzfeiertag, weil der 17. auf einen Sonntag fällt)
Good Friday Bank Holiday (Karfreitag)	UK	29th March	18th April
Easter Monday Bank Holiday (Ostermontag)	UK, IRL	1st April	21st April
May Day Bank Holiday	UK, IRL	6th May	5th May
Spring Bank Holiday	UK	27th May	26th May
June Bank Holiday	IRL	3rd June	2nd June
August Bank Holiday	IRL	5th August	4th August
August Bank Holiday	UK	26th August	25th August
Christmas Day Bank Holiday (1. Weihnachtsfeiertag)	UK, IRL	25th December	25th December
Boxing Day Bank Holiday / St. Stephen's Day (2. Weihnachtsfeiertag)	UK, IRL	26th December	26th December

NÜTZLICHE REDEWENDUNGEN

Wie geht's dir?	How are you?
Danke gut. Und dir?	Fine thanks, and yourself?
Alles in Ordnung?	Everything ok?
Bist du böse auf mich?	Are you angry with me?
Habe ich was Falsches getan?	Have I done something wrong?
Hast du gut geschlafen?	Did you sleep well?
Wie war dein Tag?	How was your day?
Mir geht's nicht so gut.	I'm not feeling very well.
Ich glaube, ich muss zum Arzt.	I think I'd better go to the doctor's.
Ich habe Heimweh.	I'm homesick.
Das verstehe ich nicht.	I don't understand that.
Ich verstehe nicht, was los ist.	I don't understand / get what's going on.
Das habe ich nicht gehört.	I didn't hear that.
Kannst du das noch mal sagen?	Can you say that again?
Was hat er gerade gesagt?	What did he just say?
Was ist los?	What's going on?
Was ist mit dir los?	What's wrong with you?
Bitte schön.	You're welcome.

Tut mir leid, aber das gefällt / schmeckt mir nicht.	I'm sorry, but I don't really like this.
Ich bin (ziemlich) satt.	I'm (quite) full.
Ich bin vollgefressen.*	I'm stuffed.*
Ich hab die Schnauze voll davon.*	I'm fed up with this.
Kann ich dir Gesellschaft leisten?	Can I keep you company?
Das hab ich wohl falsch verstanden.	I'm afraid I misunderstood.
Hast du mal ein Taschentuch für mich?	Have you got a tissue for me?
Gesundheit!	Bless you.
Das was nicht meine Absicht. / Das wollte ich nicht.	That wasn't my intention. / I didn't mean to do that.
Das war ein Versehen / nicht absichtlich.	That was an accident / not intentional.
Macht nichts.	Doesn't matter. / It's ok.
Das ist mir egal.	I don't mind / care.
Entschuldigung.	Excuse me.
Tut mir leid.	Sorry.
Verzeihung.	Pardon.
Schlaf gut.	Sleep well.
Vielen Dank für alles.	Thank you for everything.
Ich werde dich vermissen.	I'll miss you.

LINKLISTE UND ADRESSEN

Wörterbuch:	www.pons.eu
Landesinformationen:	www.visitbritain.com; www.britishcouncil.de; www.ukgermanconnection.org/home
National Rail:	www.nationalrail.co.uk
Reisebusse:	National Express: www.nationalexpress.co.uk und Stagecoach: www.stagecoach.com
Krankenkasse:	www.nhsdirect.nhs.uk
Billiger Telefonieren:	z. B. Telediscount: www.telediscount.co.uk und Justphone: www.justcallthrough.co.uk
Suchmaschine:	(um im Internet Infos zur Schule, dem Ort zu finden) z. B. www.google.de

Ansprechpartner für deutsch-britische Schul- und Jugendbegegnungen:

UK-German Connection
34 Belgrave Square
London
SW1X 8QB
Tel. +44 (0)20 7824 1570
www.ukgermanconnection.org

BOTSCHAFTEN IN GB

Deutsche Botschaft in GB: www.london.diplo.de/Vertretung/london/de/Startseite.html

Adresse in London	Adresse in Edinburgh
Embassy of the Federal Republic of Germany	Consulate General of the Federal Republic of Germany
23 Belgrave Square	16 Eglinton Crescent
London	Edinburgh
SW1X 8PZ	EH12 5DG
Tel. +44 (0)20 / 7824 1300	Tel. +44 (0)131 / 337 2323
Fax +44 (0)20 / 7824 1449	Fax +44 (0)131 / 346 1578

Österreichische Botschaft in GB	Schweizer Botschaft in GB (auch für Irland zuständig)
18 Belgrave Mews West	16-18 Montagu Place
London	London
SW1X 8HU	W1H 2BQ
Tel. +44 (0)20 7344 3250	Tel. +44 (0)20 7616 6000
www.bmaa.gv.at/london	www.eda.admin.ch/eda/de/home.html

Britische Botschaft in Deutschand	Britische Botschaft in Österreich	Britische Botschaft in der Schweiz
Britische Botschaft	British Embassy Vienna	British Embassy
Wilhelmstraße 70-71	Jauresgasse 12	Thunstrasse 50
D-10117 Berlin	A-1030 Wien	CH-3005 Bern
Tel. +49 (0)30 / 20457-0	Tel. +43 (0)1 / 716130	Tel. +41 (0)31 / 359 77 00
http://ukingermany.fco.gov.uk	http://ukinaustria.fco.gov.uk	http://ukinswitzerland.fco.gov.uk

BOTSCHAFTEN IN IRLAND

Deutsche Botschaft in Irland: www.dublin.diplo.de/Vertretung/dublin/en/Startseite.html

Adresse in Dublin	
German Embassy Dublin	Tel. +353 (0)1 269 3011
31 Trimleston Avenue	Fax +353 (0)1 269 3800
Booterstown	
Blackrock	
Co. Dublin	

Österreichische Botschaft in Irland	Schweizer Botschaft in Irland
15, Ailesbury Court Apartments	Da die Botschaft 2012 geschlossen hat, ist für konsularische Fragen die Schweizer Botschaft in London zuständig (siehe S. 106).
93, Ailesbury Road	
Dublin 4	
Tel. +353 (0)1 269 45 77	
http://www.bmeia.gv.at/botschaft/dublin	

Irische Botschaft in Deutschand	Irische Botschaft in Österreich	Irische Botschaft in der Schweiz
Embassy of Ireland	Embassy of Ireland and Permanent Mission of Ireland to the International Organisations in Vienna	Embassy of Ireland
Jägerstraße 51	Rotenturmstraße 16-18, 5th Floor	Kirchenfeldstrasse 68
D-10117 Berlin	A-1010 Wien	P.O. Box 262, CH-3000 Bern 6
Tel. +49 (0)30 / 220 720	Tel. +43 (0)1 / 7154246	Tel. +41 (0)31 / 352 1442
www.embassyofireland.de	www.embassyofireland.at	www.embassyofireland.ch

Stand Links und Adressen: August 2012

FÜR DICH WICHTIG!

Dein Anreisetag: ____________________

Deine Gastfamilie

Adresse: ____________________

Telefonnummer: ____________________

E-Mail: ____________________

Deine Schule in Großbritannien / Irland

Name:

Adresse: ____________________

Website: ____________________

Deine neuen englischen / irischen Freunde / Freundinnen

Name	Adresse	Telefonnummer	E-Mail

Dein Abreisetag: ____________________

NOTIZEN

Du wirst in deinem Schüleraustausch sicherlich viele Wörter neu lernen, die du noch nicht kanntest. Hier kannst du sie dir notieren. Was war dein Lieblingswort? Wir würden uns auch freuen, wenn du uns eine Nachricht über die Seite **www.pons.de/schueleraustausch** schickst mit den Wörtern die du neu gelernt hast in deinem Austausch oder einen kurzen Bericht über deine Erfahrungen, die du in Großbritannien bzw. in Irland gemacht hast.

BILDNACHWEIS

Seite 3	Tower Bridge: fotolia.de/ AndreasJ Schilder: istockphoto.com/ John Woodworth Häuser: fotolia.de/ Dhoxax
Seite 4	English breakfast: fotolia.de/ Springfield Gallery London: fotolia.de/ Jof Musik hören: shutterstock/ lithian
Seite 5	shop: fotolia.de/ Lee Torrens Krankenwagen: shutterstock/ Pawel Nawrot
Seite 8	Karte UK: istockphoto.com
Seite 10	Union Jack: istockphoto.com/ Stefan Klein
Seite 12	Karte Deutschland: fotolia.de/ Kaarsten
Seite 14	London Eye: fotolia.de/ Peter Rowley
Seite 15	Trafalgar Square: istockphoto.com/ Andrew Chambers
Seite 16	Stonehenge: istockphoto.com
Seite 17	Windsor Castle: istockphoto.com/ Ian Poole
Seite 20	Karte Irland: Fotosearch/ Digital Wisdom
Seite 21	irischer Euro: Europäische Zentralbank
Seite 22	Schilder: istockphoto.com/ John Woodworth
Seite 24	Mädchen: shutterstock.com/ Stephen Coburn verkleidete Menschen: shutterstock.com/ Amra Pasic
Seite 26	Dublin: istockphoto.com Zug: istockphoto.com/ Brian Kelly
Seite 27	Bus: istockphoto.com/ Steeve ROCHE
Seite 28	Glendalough: istockphoto.com/ Simon Jeacle
Seite 29	Aran Island: istockphoto.com/ Jonnie Morgan Dingle: istockphoto.com/ S. Greg Panosian
Seite 32	Wasserhahn: istockphoto.com
Seite 34	Dartscheibe: istockphoto.com/ Tim Starkey
Seite 36	Nasepopeln: istockphoto.com/ Nick Claeboe
Seite 42	Englisches Frühstück: istockphoto.com/ Andy Green
Seite 45	Chipshop: Benjamin Böhm, Tübingen
Seite 50	Schild: istockphoto.com/ Mark Richardson
Seite 58	Briefkasten: istockphoto.com/ Stephen Rees irisches Postamt: bigstockphoto.com/ Mapman
Seite 61	Telefon-Display: Benjamin Böhm, Tübingen
Seite 64	Fernbedienung: istockphoto.com/ Karim Hesham
Seite 72	Zug: istockphoto.com/ Adrian Lindley
Seite 75	Mind the gap: istockphoto.com/ Chelsea Ramsey
Seite 77	Downing Street 10: istockphoto.com/oversnap
Seite 78	Geld: istockphoto.com/ Martin Bowker
Seite 82	Quittung: istockphoto.com/ Sondra Paulson
Seite 86	Krankenwagen: Benjamin Böhm, Tübingen
Seite 88	Polizisten: istockphoto.com/ George Cairns
Seite 90	Apothekenkreuz: fotolia.de/ zuchero
Seite 92	beim Arzt: istockphoto.com/ geotrac
Seite 96	Körper: istockphoto.com/ Cindy Minear

PONS Das große Übungsbuch Englisch

Ideal zum Üben, Nachschlagen und Lernen

- In diesem Buch findest Du alle wichtigen Grammatik- und Wortschatzthemen für den Englischunterricht.
- Zu jedem Thema findest Du Übungen in 3 Schwierigkeitsstufen – so kannst Du Dich immer weiter steigern.
- Alle Regeln, die Du brauchst, sind einfach und verständlich erklärt. Viele Tipps bewahren Dich außerdem vor typischen Fehlerfallen im Englischen!

PONS
www.pons.de

ISBN: 978-3-12-560730-9